T0341533

Registrum Roberti Winchelsey, Archiepiscopi Cantuariensis.

[Fo. 159.]

HIC INCIPIUNT DIVERSE LITTERE ET COMMUNES.

[Feb. 6th, 1295. Commission to the Bishop of St. Asaph to excommunicate Madoc, son of Llewelyn, late Prince of Wales, and his supporters.]

EXECUCIO [CONTRA] MADDOCUM [QUI] SE DIXIT WALLIE PRINCIPEM ET COMPLICES SUOS.—Robertus permissione divina Cantuariensis archiepiscopus tocius Anglie primas venerabili in Christo fratri L. dei gracia Assavensi episcopo salutem et sinceram in domino caritatem. Applicantes nuper in Angliam deo duce vehementis admiracionis spiritu conturbati, clamosa insinuacione intelleximus suggerente qualiter Madocus filius Lewelini principatum Wallie obripere satagens et innumeri sui complices et fautores nacione Wallenses sese in angelos Satane transformantes furoris audacia debaccati,[1] adversus magnificum principem dominum E. dei gracia illustrem regem Anglie regnumque ipsius fallaci dolos ingenio continuantes conspiraciones inhierunt, sediciones clamculo concitaverunt et excidia gentis Anglorum jugiter procurarunt, fidem domino suo non absque perjurii nota fefellerunt, pacem et tranquillitatem regis et regni improvide perturbarunt. Nos igitur ob quedam negocia nos et ecclesiam nostram contingencia ad prefatum dominum regem accessimus in partibus Wallicanis ubi nephanda dictorum grassancium virorum scelera notorie in premissis didicimus esse vera. Set et cotidianis deliramentis funestas manus suas extendere satagunt ad pejora, aliena siquidem occupant et invadunt, vastant predia possessiones, dirripiunt villas et castra atque domos demolliuntur et incendunt; in Christos domini presertim nacione Anglos inhumaniter irruunt et ipsos passim et absque dele[c]tu condicionis sexus aut etatis temporum eciam aut locorum variis generibus flagiciorum trucidant pariter et affligunt et ultimo supplicio addicunt insontes; in insidiosis nemorum abditis nunc latitando nunc velut depopulatores agrorum hac et illac vagando nunc hostilibus agressibus tanquam stratores seu stratillites[2] puplici strages ut premittitur perpetrando; et ut compendioso stilo illud quod dolentes referimus perstringamus nichil salubrius

---

[1] MS. debactati.   [2] *Sic for* stratilates of Ducange.

nichilque jocundius ipsos arbitrari constanter asseritur in hac vita quam dei timore postposito contra naturalem equitatem Anglorum saluti insidiari et eorum sanguinem effundere machinari, sicut patrati sceleris modernis temporibus evidencia manifestat et ipsa occisorum per eos cadavera certa pretendunt indicia, que sicut nostris conspeximus oculis per loca diversa putrescunt eciam insepulta et celi volatilibus et terre reptilibus exponuntur dilaceranda et absque debita humano generi reverencia miserabiliter devoranda. Nolentes igitur sicut nec debemus tanta dei et hominum offendicula sub dissimulacionis et connivencie clamide pertransire quin pastoralis officii nostri debitum efficaciter prosequamur, cum multis grassantibus opus pene sit exemplo ne oberrancium in deviis quos ad viam revocare tenemur sanguis a nobis in tremendo judicio per districtum judicem requiratur, vobis in virtute sancte obediencie et sub pena districtionis canonice firmiter injungimus et mandamus quatinus prefatos Maddocum nominatim, et ceteros suos complices et fautores viros utique sceleratissimos degeneres et deliros [in genere] quos non est dubium racione premissorum ipso facto in majoris excommunicacionis sentenciam dampnabiliter incidisse, sic excommunicatos esse puplice et solempniter nuncietis et denunciari faciatis adhibita cautela si qua vos terreant competente.   Moneatis insuper seu moneri faciatis infra octo dies a tempore recepcionis presencium dictos Maddocum nominatim, et ceteros complices et fautores in genere, secunda et tercia monicione, et pro termino peremptorie assignamus et per vos volumus assignari, ut a sedicionibus conspiracionibus machinacionibus homicidiis incendiis demolicionibus et rapinis prefati regis et regni inquietacionibus pacis et tranquillitatis ejusdem perturbacionibus omnino desistant, fidem et fidelitatem quam quandoque prefato domino regi promiserant prestito juramento inviolabiliter observare studeant in futurum. De commissis omnibus et singulis que ut premisimus in se censentur gravissima quatenus facti et nature impossibilitas non repugnant[1] satisfacere studeant competenter.   Et ut excessus suos tam notorios tamque manifestos humiliter agnoscendo pacem atque veniam maxime cum quorundam per eosdem patratorum scelerum dispendia in hac vita nequeant totaliter resarciri, sub pena excommunicacionis majoris, quam nominatim in prefatum Maddocum ac ceteros complices ac fautores in genere, necnon interdicti quod in personas eorundem eodem modo proferimus et cui interdicto totam terram Wallie sibi adherentem ex nunc ut ex tunc supponimus[2] in

---

[1] *Sic* MS.   [2] MS. supponibus.

hiis scriptis, si monicionibus vestris necnon nostris in omnibus suis articulis quantum est possibile non paruerint, seu si eas infra tempus predictum contradixerint aut neglexerint totaliter adimplere. Si vero infra predictum non parendo sentencias excommunicacionis et interdicti incurrerint memoratas, sepe dictum Maddocum nominatim et omnes suos complices et fautores in genere auctoritate nostra excommunicatos et interdictos necnon totam terram Wallie sibi adherentem suppositam esse ecclesiastico interdicto, bap-
[Fo. 159ᵛ·] tismo parvu | lorum et penitenciis moriencium dumtaxat exceptis, puplice et solempniter denuncietis et denunciari faciatis locis et temporibus[1] qui variis flagiciorum generibus in deum delinquunt et homines variis penarum acrimoniis percellantur, ut sic quos dei timor a malo non revocat saltem ecclesiastice et condigne coherceat discipline. De die vero recepcionis presencium et monicionis per vos facte et quid feceritis in premissis nos per litteras vestras patentes harum seriem continentes ubicumque fuerimus in civitate diocesi vel provincia Cantuariensi absque more dispendio aperte et distincte curetis reddere cerciores. Valete. Datum apud Aberkunwey viii id. Februarii anno domini mᵒ ccᵒ nonagesimo quarto consecracionis nostre primo.

[*March 3rd, 1295. Letter from the Bishop of St. Asaph stating that he has executed the commission.*]

CERTIFICATORIUM DICTE EXECUCIONIS.—Venerabili in Christo patri et domino suo reverendo domino R. dei gracia Cantuariensi archiepiscopo tocius Anglie primati suus si placet capellanus L. ejusdem permissione Assavensis ecclesie minister humilis salutem et omnimodam obedienciam cum reverencia et honore. Dominacionis vestre litteras dominica in quinquagesima recepimus Lichfelde sub eo qui sequitur tenore Robertus[2] . . . . . in Angliam et cetera ut supra. Quoniam igitur propter dicti Maddoci potenciam ad ipsius presenciam vel in terras sibi adherentes nobis aut nostris nullus patebat accessus, presens mandatum vestrum cum omni diligencia secundum sui formam et tenorem in locis vicinis videlicet apud Oswaldestr', Polam, Wrichesham, Mohaut et Kayrws diebus solempnibus astante fidelium multitudine copiosa sumus personaliter executi. Datum apud La Lec vᵗᵒ non. Marcii anno domini superius annotato.

---

[1] *Sic supply* opportunis, ut sic, *or the like.*   [2] As above.

[*Undated. Commission to absolve Madoc and his supporters on certain conditions.*]

(*b*)[1] COMMISSIO AD ABSOLVENDUM VENIENTES AD PACEM REGIS. R. permissione divina et cetera tali salutem graciam et benedictionem. Cum nos nuper ex officii nostri debito procedentes Maddocum filium Lewelini nominatim et in genere suos complices, tanquam pacis et tranquillitatis domini nostri E. dei gracia illustris regis et regni Anglie injuriosos ac notorios ut nulla tergiversacione celari poterit perturbatores et principatus Wallie illicitos usurpatores seu invasores majoris excommunicacionis sentencia involutos fuisse, nostris litteris in Wallia et extra Walliam fecerimus nunciari, necnon canonica monicione premissa sub certa forma si monicionibus nostris non paruerint eosdem Maddocum nominatim et ceteros suos complices in genere excommunicaverimus et interdixerimus atque sic excommunicatos et interdictos denunciari fecerimus justicia exigente, totamque terram Wallie prefato Maddoco adherentem ecclesiastico supposuerimus interdicto : attendentes quod ecclesia sancta dei nulli claudit gremium redeunti, ut prefatos Maddocum et ceteros suos complices et fautores in premissis, postquam ad pacem prefati domini E. illustris regis Anglie venerint et ad eam plene per eum et ex certa sciencia admissi fuerint, a sentenciis excommunicacionum predictarum absolvendi necnon interdictum quantum ad personas eorum attinet in forma juris relaxandi, vobis tenore presencium committimus vices nostras. Proviso tamen quod excommunicacionum predictarum absolucionem vel interdicti relaxacionem hujusmodi ad personas alias quam ut premissum est nullatenus extendatis, quod si secus factum fuerit prout est et erit et ex habundanti irritum decernimus et inane, et nichilominus interdicti in ipsam terram Wallie auctoritate nostra positi relaxacionem nobis adhuc specialiter reservamus. Commissionibus vero alii vel aliis per nos in premissis factis communiter aut divisim non intendimus per presentem commissionem aliqualiter derogare, sed quod auctoritate nostra per quemcumque seu quoscumque conjunctim vel divisim factum fuerit in hac parte ratum habebimus et inviolabiliter volumus observari. Datum [et cetera].

[*March 25th, 1295. Commission of Edward I to the Archbishop about the same*]

(*a*)[1] MANDATUM DOMINI REGIS DIRECTUM ARCHIEPISCOPO UT COMMITTAT CERTIS PERSONIS AD ABSOLVENDUM VENIENTES AD PACEM.—Edwardus dei gracia rex Anglie dominus Hibernie

---

[1] Printed as in Register, but (*b*) should follow (*a*).

et dux Aquitannie venerabili in Christo patri R. eadem gracia Cantuariensi archiepiscopo tocius Anglie primati salutem. Nos nuper Maddoco filio Lewelini principatum Wallie dolose prodere satagente cum ceteris nacione Wallensibus suis complicibus et fautoribus innodato majoris excommunicacionis sentencia sicut nostis, prout in vestris inde confectis litteris continetur,[1] jam apud nos spes quodammodo obtinetur quod ipsorum aliqui ad pacem nostram pro voluntate nostra in proximo sunt venturi, ad quam cum venerint ipsos admittere proponimus quatenus viderimus expedire. Cum tamen secum communicare nullatenus sit licitum nec honestum usquequo absolucionis beneficium in forma juris meruerit obtinere, vos affectuose requirimus et precamur quatinus vices vestras in hac parte velitis dilectis nobis in Christo fratri Waltero de Winterburne de ordine predicatorum confessori et familiari nostro necnon discreto viro archidiacono |

[Fo. 160.] Assaph' et magistro Benedicto rectori ecclesie de Flynt per vestras committere litteras singillatim, ita quod sufficientem super hoc potestatem quilibet ipsorum trium obtineat per se solus. Quas insuper litteras latori presencium celeriter quesumus exhibere nobis sine mora deferendas. Datum sub privato sigillo nostro apud Aberconewey xxv^{to} die Marcii anno regni nostri xx^{mo}.

[*October 14th, 1294. Appointment by the Archbishop, by papal authority of John of Monmouth to the see of Llandaff, vacant for seven years.*]

NEGOCIUM MAGISTRI J. DE MONEMUTA ELECTI LANDAVENSIS.—In nomine domini amen. Per hoc publicum instrumentum omnibus appareat evidenter quod anno domini ab incarnatione secundum cursum ecclesie anglicane M°CC° nonagesimo quarto, indictione octava, ii id. Octobris apud civitatem de Sen' reverendus pater dominus Robertus dei gracia archiepiscopus Cantuariensis tocius Anglie primas, habens potestatem a sanctissimo patre domino Celestino papa quinto, ecclesie Landavensi que jam diu vacavit de episcopo et pastore providere et personam ydoneam in eadem ecclesia preficere in episcopum et pastorem, prout in quodam privilegio eidem archiepiscopo a dicto patre concesso vera bulla et filo serico bullato, non in aliqua sui parte viciato, per dictum dominum archiepiscopum lecto et recitato et mihi in scripto noto plenius continetur, in presencia religiosorum virorum fratrum Galteri de Romenal · presentoris, Johannis de Well' thesaurarii, Roberti de Celes' et Roberti de Elham ecclesie Christi

---

[1] *Sic*, but something is omitted.

Cantuarie monachorum necnon venerabilium virorum magistri
Willelmi de Sard' canonici ecclesie sancti Pauli Londonie, Johannis
de Bestan' rectoris ecclesie de Clyve juris civilis et canonici pro-
fessorum necnon magistrorum Radulphi de Mallingg' de Occham,
Johannis de Rya de Demecherch ecclesiarum rectorum et magistri
Johannis le Here perpetui vicarii de Gumcestr', dicti domini archiepiscopi clericorum et testium ad hoc vocatorum et rogatorum ac
eciam mei notarii infrascripti, eidem ecclesie Landavensi tunc
temporis sic vacanti auctoritate apostolica et virtute infrascripti
privilegii de reverendo viro magistro Johanne de Monemue
canonico Lincolniensi canonice providit, ac ipsum magistrum J.
licet tunc absentem ex tunc prefecit auctoritate sedis apostolice in
episcopum et pastorem ecclesie Landavensis prelibate in scriptis
solempniter in hac forma verborum.   In nomine domini amen.
Cum cathedralis ecclesia Landavensis metropolitico nobis jure
subjecta per septennium jam permanserit et adhuc permaneat
pastoris regimine destituta, propter quod ejus provisio ad sedem
apostolicam est secundum generalis[1] statuta concilii devoluta, sanctissimus pater Celestinus papa quintus volens eandem ecclesiam
que gravia ex hujusmodi vacacione diutina sustinuit et ad hoc
sustinet in spiritualibus et temporalibus detrimenta, per sue providencie studium a dispendiis ex prolixiore vacacione imminentibus
preservare, ordinacionem ipsius ecclesie Landavensis archiepiscopo
Cantuariensi sub certa forma verborum prout[2] duxerat committenda.[3]
Nos igitur Robertus permissione divina Cantuariensis archiepiscopus tocius Anglie primas humilis devocionis obsequio mandatis
apostolicis obedire et ea execucioni debite mancipare cum
debita reverencia satagentes, ac onus ordinacionis dicte ecclesie
Landavensis secundum formam vim et effectum mandati apostolici
prout tenemur cum reverencia assumentes, de magistro Johanne
de Monemue canonico Lincolniensi doctore in theologia in ordine
sacerdocii constituto et ex legitimo matrimonio procreato multiplicibus virtutum meritis insignito in spiritualibus eciam ac temporalibus circumspecto, eidem ecclesie Landavensi diucius ut premittitur per mortem magistri Willelmi de Brews ultimo episcopi in
eadem vacanti auctoritate apostolica, de qua plenior superius fit
mencio, providemus et ipsum in eadem ecclesia preficimus in
episcopum et pastorem, ipsum procul dubio quantum humana
fragilitas nosse sinit personam ydoneam arbitrantes que tanto
nedum majori congruit oneri et honori, et que prefatam ecclesiam

---

[1] MS. generalia.   [2] *Sic:* should be omitted.   [3] MS. commictenda.

tam in spritualibus quam in temporalibus deo auctore valet
salubriter gubernare ; reservantes nobis et successoribus nostris
specialiter potestatem faciendi eidem a capitulo ipsius ecclesie et
clero et populo civitatis et diocesis Landavensis aliisque suis subditis humiliter obedire, necnon contradictores super hoc si qui
fuerint vel rebelles per censuram ecclesiasticam auctoritate apostolica appellatione postposita compescendi.   Tenor vero privilegii
de quo supra fit mencio talis est.[1]   Celestinus episcopus servus
servorum dei venerabili fratri archiepiscopo Cantuariensi salutem et
apostolicam benedictionem.   Militanti ecclesie disponente domino
licet immeriti presidentes circa curam omnium ecclesiarum solercia
reddimur indefessa ssolliciti, ut juxta pastoralis officii debitum commissi nobis gregis dominici curam utiliter gerere divina cooperante
clemencia studeamus, et quamquam assidue circa singularum
comoda vigilemus, tamen erga illas que deplorant viduitatis in-
comoda propensiori cura et majori propulsamur instancia ut eis
          preficiamus viros secundum cor nostrum ydoneos in pas-
[Fo. 160ᵛ·] tores.   Sane ad audienciam apostolatus nostri perve | nit
          quod cathedralis ecclesia Landavensis metropolitico tibi
jure subjecta per septennium jam permansit et adhuc permanet
pastoris regimine destituta, propter quod ejus provisio ad sedem
apostolicam est secundum generalis statuta concilii legitime
devoluta.   Nos igitur volentes eandem ecclesiam que gravia ex
hujusmodi vacacione diutina sustinuisse dicitur in spiritualibus et
temporalibus detrimenta, per nostre providencie studium a dispendiis sibi ex prolixiori vacacione imminentibus preservare, ac
cupientes illum eidem ecclesie preesse pontificem per quem
in utrisque deo auctore valeat salubriter gubernari, gerentes
quoque de tue circumspectionis industria fiduciam in domino
pleniorem, fraternitati tue ordinacionem ipsius ecclesie hac vice
tenore presencium duximus committendam, concedentes tibi prefi-
ciendi eidem ecclesie personam ydoneam que tanto congruat oneri
et honori in episcopum et pastorem ac faciendi eidem persone a capitulo ipsius ecclesie et clero et populo civitatis et diocesis Landavensis
aliisque suis subditis humiliter obedire, necnon et contradictores
super hoc si qui fuerint vel rebelles per censuram ecclesiasticam
appellacione postposita compescendi, plenam et liberam auctoritate apostolica potestatem.   Datum Aquile vj non. Octobris pontificatus nostri anno primo.   Et ego Hugo Hugonis de Musele
clericus Lincolniensis diocesis sacrosancte Romane ecclesie publi-

---

[1] Tenor *in margin.*

cus auctoritate notarius, provisioni ordinacioni et prefectioni supra
scriptis una cum dictis testibus presens interfui ac ea fideliter
scripsi et in hanc publicam formam sive scripturam redegi meoque
signo consueto signavi de injuncto ac mandato domini archiepiscopi suprascripti.

———

[*Consent of John of Monmouth.*]

CONSENSUS ELECTI.—In dei nomine, amen. Ego Johannes
de Monemuta, canonicus Lincolniensis nolens divine resistere
voluntati neque mandatis seu preceptis superiorum meorum licitis
et honestis aliqualiter refragari, cum durum sit contra stimulum
calcitrare, sed eisdem pro fragilitatis mee viribus humiliter obedire
ad honorem dei et beate Marie virginis et omnium sanctorum,
provisioni de me quamvis minus digno in episcopum Landavensem per venerabilem patrem dominum Robertum dei gracia Cantuariensem archiepiscopum tocius Anglie primatem auctoritate
sedis apostolice nuper facte, in hiis scriptis nolens volens consencio
et collum meum suavi jugo ac servituti domini in hac parte sub-
mittere non formido.

———

[*March 5th, 1295. Letter from the Archbishop to Edward I asking him to confer
the temporalities of the see of Llandaff on John of Monmouth.*]

SCRIBIT REGI UT LIBERET ELECTO TEMPORALIA.—Magnifico
principi domino E. dei gracia illustri regi Anglie domino Hybernie
et duci Aquitannie, R. permissione divina Cantuariensis archiepiscopus tocius Anglie primas salutem in eo per quem reges regnant
et principes dominantur. Cum nuper essemus apud sedem apostolicam personaliter constituti, et ejusdem sedis auctoritate con-
firmati ac eciam consecrati et palleati, sanctissimus pater noster
Celestinus papa quintus audito et intellecto quod cathedralis
ecclesia Landavensis metropolitico nobis jure subjecta diuturno
tempore permansit pastoris regimine destituta, ita quod ejus
provisio secundum generalis statuta concilii ad dictam sedem
extitit legitime devoluta, volens eandem ecclesiam, que ex hujusmodi vacacione diutina gravia sustinuit in spiritualibus et temporalibus detrimenta, a dispendiis ex prolixiori vacacione imminentibus preservare ordinacionem ipsius ecclesie Landavensis hac vice
nobis duxerat committendam ; concedendo nobis potestatem pre-
ficiendi eidem ecclesie personam ydoneam que tanto congruat
oneri et honori in episcopum et pastorem. Tenorem vero mandati apostolici in hac parte de verbo ad verbum presentibus duximus inserendum. Celestinus et cetera. Nos igitur cupientes

debite devocionis obsequio mandatis apostolicis obedire et ea execucioni debite mancipare, ad magistrum Johannem de Monemuta
canonicum Lincolniensem doctorem in theologia multiplicibus
virtutum premiis insignitum, in spiritualibus et temporalibus cir-
cumspectum, nostre consideracionis aciem convertentes, de ipso
licet tunc absente eidem ecclesie Landavensi deliberatione previa
diligenti, ut premittitur per mortem bone memorie magistri
Willelmi de Brews ultimo episcopi in eadem vacanti, auctoritate
apostolica providimus et ipsum in eadem ecclesia Landavensi preficimus in episcopum et pastorem, sperantes quod eadem Landavensis ecclesia per ipsius J. industrie et circumspectionis studium
preservabitur a noxiis et adversis et spiritualibus ac temporalibus
proficiet incrementis.   Cumque postmodum nostra provisio et ordi-
nacio supradicta prefato magistro J. fuisset noti | ficata
[Fo. 162.]¹ loco et tempore oportunis nolens divine resistere voluntati
quin pocius jugo domini satagens subicere collum suum,
provisioni et ordinacioni dicte ecclesie de se facte pure et expresse
consensit coram nobis personaliter constitutus.   Cum itaque sicut
novit majestatis vestre regie celsitudo sit virtutis opus ecclesias et
personas ecclesiasticas presertim pontificali preditas dignitate
benignis prosequi gracia et favore, serenitatem regiam rogamus
attente quatinus eidem magistro J. quem pro electo et confirmato
habere convenit regiam majestatem regalia seu temporalia ejusdem
ecclesie Landavensis, que per vos vacacionis ejus tempore teneri
dicuntur liberare dignemini, ac ipsum et ecclesiam predictam sibi
commissam sic vobis placeat habere in suis oportunitatibus commendatos, ut vestre celsitudinis fultus auxilio in cure pastoralis
officio sibi commisso possit deo propicio uberius prosperari, et vobis
exinde a deo perhennis vite premium provenire.   Datum apud
Croyndone iij non. Marcii anno domini m° cc° nonagesimo quarto
consecracionis nostre primo.

[*March 5th, 1295.   Letter to the Earl of Gloucester and Hertford about the same.*]

Nobili viro domino G. comiti Glovernie et Hertfordie R. permissione divina Cantuariensis archiepiscopus tocius Anglie primas
salutem et successiva semper in domino prospera incrementa.   Cum
nuper essemus apud sedem apostolicam personaliter constituti et
cetera ut supra.   Cum itaque sicut novit dominacio vestra sit virtutis opus ecclesias et personas ecclesiasticas presertim pontificali
preditas dignitate benignis prosequi gracia et favore, devocionis

----

¹ The MS. is wrongly numbered, going from fol. 160 to 162.

vestre serenitatem rogamus attente quatinus eidem magistro J. quem pro electo et confirmato habere vos convenit, temporalia ejusdem ecclesie Landavensis que per vos vacacionis ejus tempore teneri dicuntur liberare dignemini ac ipsum ac ecclesiam predictam sibi commissam sic vobis placeat habere in suis oportunitatibus commendatos, ut vestre dominacionis fultus auxilio in cure pastoralis officio sibi commisso possit deo propicio uberius prosperari et vobis exinde a deo perhennis vite premium provenire. Datum et cetera ut supra.

[*March 5th, 1295.   Letter to the dean and chapter of Llandaff.*]

R. permissione divina et cetera dilectis filiis decano et capitulo ecclesie Landavensi salutem graciam et benedictionem. Cum nuper essemus et cetera ut supra. Cum itaque sicut et cetera. Quocirca vobis auctoritate apostolica firmiter injungendo mandamus quatinus eidem magistro J. tanquam electo Landavensi confirmato humiliter intendentes et exhibentes ei obedienciam et reverenciam debitam et devotam ejus salubria monita et mandata suscipiatis devote et ea curetis efficaciter adimplere. Alioquin sentencias quas idem magister J. in vos tulerit, nos quantum in nobis est ratas habebimus et eas faciemus auctore domino usque ad satisfactionem condignam auctoritate apostolica qua fungimur in hac parte inviolabiliter observari. Datum ut supra.

[*March 5th, 1295.   Letter to the clergy and people of the city and diocese of Llandaff.*]

R. permissione divina et cetera dilectis filiis clero et populo civitatis et diocesis Landavensis salutem graciam et benedictionem. Cum nuper essemus et cetera ut supra. Quocirca universitati vestre auctoritate apostolica firmiter injungendo mandamus quatinus eundem magistrum J. tanquam electum Landavensem confirmatum devote suscipientes ac debita honorificentia prosequentes ipsius monitis et mandatis salubribus humiliter intendatis, ita quod ipse in vobis filios devocionis benevolos gaudeat invenisse. Alioquin et cetera ut supra in proxima. Datum ut supra.

[*March 5th, 1295.   Letter to the vassals of the church of Llandaff.*]

SCRIBIT VASSALLIS SUPER EODEM.—R. permissione et cetera dilectis filiis universis vassallis ecclesie Landavensis salutem graciam et benedictionem. Cum nuper et cetera ut supra. Quocirca

universitati vestre auctoritate apostolica firmiter injungendo mandamus quatinus eundem magistrum J. tanquam electum confirmatum ecclesie Landavensis supradicte honore debito prosequentes, et
fidelitatem solitam necnon et consueta servicia et jura sibi a vobis
debita exhibere integre studeatis. Alioquin sentencias seu penas
aut mulctas quas idem magister J. tanquam electus confirmatus in
vos rite tulerit poteritis merito formidare, et eas faciemus auctore
domino quantum in nobis est usque ad satisfactionem condignam
auctoritate apostolica qua fungimur in hac parte inviolabiliter
observari. Datum ut supra.

———

[*March 24th, 1295. Letter to Boniface VIII asking him to favour certain petitions
sent by the Archbishop.*]

Hic scribit summo pontifici supradicto pro quibusdam peticionibus promovendis.—Sanctissimo patri ac domino
Bonifacio sacrosancte Romane ac universalis ecclesie divina
providencia summo pontifici R. Cantuariensis ecclesie sacerdos
　　　humilis cum omni reverencia et filiali obediencia devota
[Fo. 162v.] pedum oscula beatorum. Publice | leticie nunciatorum
　　　oraculis jocunditate celebri affluentibus tota prosiliit
in plausum ecclesia Anglicana, dum nuper profecto didicerat
qualiter tocius orbis conditor ac redemptor qui complanans
quoque aspera justo judicio justos erigit in sublime[1], sanctitatem
vestram gradatim attollere et demum provehere dignatus est
divinitus ad apicem apostolice dignitatis. Ego siquidem inter
ceteros tanto alacriori plausus stimulo exagitor indefesse quanto
benivola sollicitudine vestra, pater sanctissime, dum in minori statu
fuistis me vobis obligatiorem pre ceteris reddidistis, ecclesieque
Cantuariensis patronus indeficiens extitistis. Nunc igitur pater
sancte qui universali ecclesie sancte dei salubriter presidetis, ad
pedes vestre sanctitatis in meis et ecclesie Cantuariensis necessi-
tatibus cui milito minus dignus, sensui recurrendum tanquam
creatura que a suo naturaliter appetit perfici creatore, in vos non
immerito reponens fiduciam et spem refugii singularis. Noverit
itaque beatitudinis apostolice celsitudo quod post varia viarum
discrimina die circumcisionis in partibus applicui Anglicanis quas
insolite sterilitatis premit inedia et guerre insuspicabiles undique circumcingunt, et e vestigio continuando dietas sicut potui
illustrem regem Anglie in procinctu guerre contra Wallenses,
quasi in ultimis finibus Wallie existentem prout debui visitavi.

———

[1] MS. sullime.

Prima dominica quadragesime festinus ad propria remeando nunc autem pro negociis meis et ecclesie mee mole eris alieni plurimum oneratus in medio gentis resideo anglicane infelicitatibus ejus compaciens et pro modicitatis mee modulo ad feliciores exitus elaborans, verum quia pastoralis sollicitudo felicius prosperatur quando prerogativis pluribus insignitur, hinc est quod quasdem peticiones extra presentes sigillo meo signatas per latorem presencium duxi culmini apostolico destinare, flexis genibus supplicans humiliter et devote ut eas paterne pietatis affectu dignemini exaudire et benignitatis solite interventu favorabiliter expedire. Custodiat dominus incolumitatem vestram ecclesie sue sancte per tempora diuturna. Scriptum apud Lyming' ix kal. Aprilis anno domini m°cc° nonagesimo quarto secundum cursum ecclesie Anglicane.

———

[*March 24th, 1295. Letter to Cardinal Bishop of Sabina asking him to favour the business of the church of Canterbury.*]

SCRIBIT CARDINALI UT HABEAT NEGOCIA ECCLESIE CANTUARIENSIS COMMENDATA.—Reverendo in Christo patri ac domino G. dei gracia Sabinensi episcopo sacrosancte Romane ecclesie cardinali, R. permissione divina Cantuariensis ecclesie sacerdos humilis tocius Anglie primas in omnibus devotam ac debitam reverenciam et honorem. Felici duplomate duce deo in sancta Romana curia post creacionem summi pontificis reverende paternitatis vestre mediante presidio nostra negocia prosperantes, prolixioris discriminis subsequenter discrimine fastiditi, die circumcisionis domini proximo preterito in regno applicuimus anglicano multis utique guerrarum incomodis modernis temporibus lacessito atque insolite sterilitatis incursu anxius pregravato, cujus nos oportet esse participes donec oriens ex alto dexteram suam nobis porrigat munificencius adjutricem. Deinde de pedibus pulvere non excusso illustrem regem Anglie prout nobis incumbebat visitavimus existentem in partibus Wallicanis prima dominica quadragesime primitus ad propria declinando. Nos igitur pastoralis officii nobis commissi debitum cum sollicitudine vigili quantum possumus pro qualitate temporum instudentes exsequi ut tenemur, paternitatem vestram atque dominabilem amiciciam quam omni tempore intendimus revereri omni affectione qua possumus exoramus, quatinus modicitatem nostram solite benivolencie vestre et amicicie clipeo munientes, ecclesie nostre nogocia dignemini habere specialiter commendata, ea si placet oportuni favoris et gracie promptitudine prosequentes et si insufficienciam nostram sciveritis vel audieritis

in aliquo deviare, nos velitis vestre circumspectionis consilio et
auxilio dirigere cui volumus omni tempore specialissime adherere ;
si autem in partibus nostris per nos aliquid velit vestra dominacio
expediri cum fiducia nobis scribat ut sic cognoscat filius patris
        apud eum affectionem et antique familiaritatis memoriam
[Fo. 163.] minime defuisse. Ad hec dilectum | nobis in Christo
        magistrum Walterum de Douebregg' clericum et procur-
atorem nostrum presencium portitorem habere dignetur vestra
reverenda paternitas commendatum sibi subveniendo si placet
consiliis et auxiliis oportunis. Valeat reverenda paternitas et
dominabilis amicicia vestra per tempora diuturna. Scriptum ut
supra.

Reverendo in Christo patri ac domino P. dei gracia Sancti
Eustachii diacono cardinali R. permissione divina et cetera. Felici
duplomate et cetera.

[Letters about the same to several cardinal bishops, priests, and deacons.]

TITULI CARDINALIUM.—Reverendo in Christo patri ac
domino H. dei gracia Hostiensi et Velletrensi episcopo sacrosancte
Romane ecclesie cardinali R. permissione divina et cetera. Felici
duplomate et cetera. Sub eodem tenore scriptum fuit cardinalibus
infrascriptis scilicet domino Matheo dei gracia Portuensi et sancte
Rufine episcopo cardinali. Item domino Johanni dei gracia
episcopo Tusculanensi sacrosancte Romane et cetera. Item
domino Petro dei gracia tituli sancti Marci presbitero cardinali.
Item domino Matheo dei gracia Sancte Marie in Porticu diacono
cardinali. Item domino Jacobo dei gracia sancte Marie in Via
Lata diacono cardinali. Item domino Neapolioni dei gracia sancti
Adriani diacono cardinali.

SCRIBIT SUB ALIA FORMA ALBANENSI EPISCOPO.—Item
reverendo in Christo patri ac domino B. dei gracia Albanensi episcopo sacrosancte Romane ecclesie cardinali R. permissione divina
Cantuariensis ecclesie sacerdos humilis tocius Anglie primas in
omnibus devotam ac debitam reverenciam et honorem. Statum
regni et regnicolarum Anglie plurimorum referendariorum eloquiis
sicut firmiter credimus nuper plenius audivistis. Cujus reformacio
velud vulgari opinione didicimus non modicum ex vestro dependet
arbitrio, qui a celso ad celsiorem assumpti pro re publica anglicana
de benignitate solita continuare potestis, quod ab olim affectione
sincera laudabiliter inchoastis, nec plus vos affici ad minus luminare
credimus quam ad majus, sicut ex preteritis et manifestis convici-

mus argumentis. Quocirca paternitatem vestram atque dominabilem amiciciam quam omni tempore intendimus revereri et
cetera ut supra.

[*Undated.   Commission to inquire into a case of illegitimate birth for dispensation for ordination.*]

LITTERA SUPER DEFECTU NATALIUM.—Robertus permissione
divina Cantuariensis archiepiscopus tocius Anglie primas dilecto
filio magistro M. de Hampton' rectori ecclesie de Icham et cetera.
Mandatum sanctissimi patris Celestini pape quinti nuper recepimus
quod sic incipit et sic terminatur.   Celestinus episcopus servus servorum dei venerabili fratri archiepiscopo Cantuariensi salutem et
apostolicam benedictionem.   Accedens ad presenciam nostram
dilectus filius Leonisius de Scapeya clericus tue diocesis et cetera,
et sic terminatur, nullius penitus sit momenti.   Datum Aquile
xviij kal.[1] Octobris pontificatus nostri anno primo.   Quod eciam
vobis mittimus inspiciendum et nobis per latorem presencium
fideliter remittendum.   Paterno[2] igitur desiderio et devoto studio
satagentes cum debita reverencia in hac parte exequi quod man-
datur, vobis firmiter iniungendo committimus et mandamus quatinus cum celeritate qua convenit et absque difficultate aliqua apud
locum ubi prefatus Leonisius de quo in supradicto mandato plenior
fit mencio originem traxisse se asserit et ibidem esse ut plurimum
conversatum, personaliter accedentes, cujus sit conversacionis et
vite, et an sit paterne incontinencie imitator vel non, necnon de
aliis circumstanciis que circa ydoneitatem persone fuerint attendende ad dispensacionis graciam optinendam de qua in predicto
mandato fit mencio, per illos per quos veritas luculencius sciri
poterit diligenter inquirere studeatis vice et auctoritate nostra
immo verius apostolica super quibus pro nobis in tremendo judicio
vestram intendimus conscienciam onerare.   Quid autem faciendum
duxeritis ac inveneritis in premissis nobis cum ex parte dicti
        Leonisii congrue fueritis requisiti reddatis cerciores per
[Fo. 163ᵛ·] litteras | vestras, cum inquisicione tamen clausa, patentes
        harum seriem continentes.   Datum et cetera.

[*March 1, 1295.   Dispensation for ordination to a man of illegitimate birth.*]

HIC DISPENSAT AUCTORITATE APOSTOLICA SCRIBENDO
PERSONE.—R. permissione divina et cetera dilecto filio Leonisio
de Scapeya clerico nostre diocesis salutem graciam et benedic-

---

¹ Omitted in MS., supplied from fo. 163ᵛ·   ² MS. patrono.

tionem. Mandatum sanctissimi patris Celestini pape quinti nuper
recepimus in hec verba, Celestinus episcopus et cetera. Paterno
itaque studio et devoto desiderio cupientes hujusmodi cum debita
reverencia effectui debito mancipare, cujus conversacionis et vite
et an fueris paterne incontinencie imitator vel non, et de aliis
circumstanciis que circa ydoneitatem persone tue fuerint attendende
ad dispensacionis graciam optinendam de qua in supradicto
mandato apostolico fit mencio, congruis loco et tempore inquisicionem auctoritate nostra seu pocius apostolica fieri fecimus
diligentem, per quam quidem inquisicionem plenius informati
consideratis diligenter circumstanciis universis que circa ydoneitatem persone tue fuerint attendende, te bone conversacionis et
vite paterne incontinencie minime imitatorem esse de soluto
genitum et soluta aliasque tibi plurima merita suffragari invenimus
ad dispensacionis graciam optinendam de qua in prefato mandato
apostolico plenior mencio continetur. Propter quod nos R. Cantuariensis archiepiscopus supradictus tocius Anglie primas auctoritate mandati apostolici memorati tecum super defectu natalium
quem pateris de soluto genitus et soluta quod hujusmodi non
obstante defectu possis ad omnes ordines promoveri et ecclesiasticum beneficium optinere eciam si curam habeat animarum auctoritate apostolica misericorditer dispensamus, ita tamen quod prout
requirit onus beneficii quod te post dispensacionem hujusmodi
optinere contigerit, te facias statutis temporibus ad ordines promoveri et personaliter resideas in eodem, alioquin hujusmodi gracia
quo ad beneficium ipsum nullius penitus sit momenti. Datum apud
Lamheth' kal. Marcii anno domini m cc° nonagesimo quarto consecracionis nostre primo.

———

[*March 15th, 1295. Commission to inquire into a case of illegitimate birth for
dispensation for ordination.*]

SUPER DEFECTU NATALIUM AUCTORITATE APOSTOLICA.—
R. permissione divina Cantuariensis archiepiscopus tocius Anglie
primas dilecto filio archidiacono Winton' vel ejus officiali salutem
graciam et benedictionem. Cum nos auctoritate sedis apostolice
dispensandi cum aliquot clericis ydoneis moribus sciencia et etate
super defectu natalium quem paciuntur de soluto geniti et soluta
quod hujusmodi non obstante defectu possint ad omnes ordines
promoveri et ecclesiasticam beneficium optinere eciam si curam
habeat animarum asseq[u]uti simus graciam specialem, nos volentes
dilectum in Christo filium Willelmum de Eston' Crock' favore con-

gruo prosequi in hac parte vobis mandamus firmiter injungentes quatinus ad villam de Eston' Crock' in decanatu de Andever Wintoniensis dyocesis personaliter accedentes, de moribus et etate prefati Willelmi et specialiter an sit paterne incontinencie imitator necnon an sit de soluto genitus et soluta super quo vestram intendimus conscienciam onerare, per illos per quos magis veritas inquiri poterit diligentem inquisicionem absque more dispendio facere studeatis. Et quid super premissis feceritis ac inveneritis nos per litteras vestras patentes harum seriem continentes una cum inquisicione clausa ubicumque fuerimus in civitate dyocesi seu provincie curetis reddere cericores, cum ex parte dicti W. fueritis congrue requisiti. Datum apud Tenham Id. Marcii anno domini m° cc° nonagesimo quarto consecracionis nostre primo.

SUPER DEFECTU NATALIUM.

April 5th, 1295. Commission by virtue of the bull quoted above, p. 14, from the Archbishop to Master William of Haleberghe, rector of Charing, (Cherringe) to hold an inquiry at Charing as to whether John of Charing, of illegitimate birth, is a suitable case to receive dispensation for ordination. Charing, non. Aprilis 1295.

[Fo. 164.]

SCRIBIT ILLI CUM QUO DISPENSAVIT.

April 14th, 1295. Dispensation granted by the Archbishop to John of Charing, accolite of the diocese of Canterbury, to receive ordination and to hold a benefice with cure of souls. Charing xviii kal. Maii 1295.

[April 11th, 1295. Commission to the official of the Bishop of Chichester to excommunicate certain evil doers who have entered the Archbishop's liberty at Lindfield, and to cite them to appear before him.]

EXECUCIO CONTRA ILLOS QUI ECCLESIAS SUO JURE PRIVARE PRESUMUNT.—R. permissione divina Cantuariensis archiepiscopus tocius Anglie primas dilecto in Christo filio officiali Cicestrensi salutem graciam et benedictionem. Officii nostri[1] debita solicitudo requirit ecclesie filios humiles et devotos paterna pietate fovere, et tante matri degeneres ac ignaros illosque precipue qui[2] nedum matrem ipsam sibi debite non obsequendo contempnunt sed eam per multiplicacionem gravaminum persequi non verentur debite

---

[1] MS. vestri.   [2] MS. que.

castigacionis aculeo stimulare. Licet itaque singulis qui juris ignoranciam pretendere nequeunt innotescat omnes illos qui ecclesias suo jure privare presumunt, aut per maliciam libertates earum infringere vel perturbare contendunt, in majoris excommunicacionis sentenciam incidisse quam quater in anno in ecclesiis singulis credimus publicari, nonnulli tamen ecclesie |
[Fo. 164$^{v.}$] nostre filii, licet degeneres et ingrati sue salutis immemores et tantum non advertentes periculum, apud Lindefeld' infra metas libertatis ecclesie nostre predicte violenter ingredi et in libertate eadem ipsius subditos per districtiones et exactiones indebitas et hactenus dissuetas fatigare et affligere perperam, ut constanter audivimus, presumpserunt, quos in dictam excommunicacionis sentenciam non ambigitur incidisse. Ne igitur malefactores hujusmodi in statu dampnabili quod nostro periculo cederet, incorrecti remaneant nec ceteri ipsorum exemplo ad similia perpetranda prosiliant, per que dictas libertates quas defensare ac sustinere tenemur, sepe quod absit violari contingeret, vobis committimus et mandamus quatinus in ecclesia de Lyndefeld' et vicinis ecclesiis in quarum vicinio dicta maleficia commissa fuisse dicuntur, per tres dies dominicos aut festivos proximos post recepcionem presencium intra missarum solempnia coram clero et populo dictos malefactores et eorum super hoc auctores[1] seu defensores in genere excommunicatos esse ut premittitur denunciari publice faciatis, inhibentes seu inhiberi in denunciacione hujusmodi facientes sub pena predicta ne quis de cetero talia perpetrare, seu ea attemptare conantibus super hoc quoquomodo favere presumat ; et ad dictam ecclesiam de Lyndefeld' cum celeritate qua oportune poteritis personaliter postmodum accedentes, publica in eadem et vicinis ecclesiis denunciacione prehabita quod omnes qui sua interesse crediderint inquisicioni subscripte si eis videbitur oportunum intersint, per vicinos rectores et vicarios ac alios per quos expedire videritis inquisicionem diligentem de eorum nominibus qui [in] sentenciam prenotatam inciderint faciatis, et quos per inquisicionem ipsam culpabiles aut notatos esse[2] constiterit peremptorie citetis vel faciatis citari quod compareant coram nobis, ubicumque in civitate diocesi vel provincia Cantuariensi fuerimus, die per vos in vestra citacione hujusmodi congrue assignando, proposituri et quatenus jus patitur ostensuri causam rationabilem si quam habeant quare sic excommunicati denunciari non debeant nominatim, et ulterius contra eos juxta

---

[1] MS. autores.　　　　[2] MS. ecclesie.

c

canonicas sanctiones et juris equitatem procedi. De die vero recepcionis presencium et quid de premissis feceritis ac eciam de nominibus citatorum hujusmodi nos dictis die et loco destinatis[1] per omnia certificetis per vestras patentes litteras harum seriem continentes, ad quos diem et locum inquisicionem predictam nobis sub sigillo vestro mittatis inclusam. Datum apud Cherringg' iij id. Aprilis anno domini m° cc° nonagesimo quinto consecracionis nostre primo.

———

[*April 12th, 1295. Letter to the prior and chapter of the cathedral monastery of Canterbury about the appointment of certain officials.*]

SCRIBIT . . PRIORI ET CAPITULO QUOD PREFICIANT AUCTORITATE SUA CERTAS PERSONAS AD CERTA OFFICIA.—R. permissione divina Cantuariensis archiepiscopus tocius Anglie primas dilectis in Christo filiis priori et capitulo ecclesie nostre Cantuariensis salutem graciam et benedictionem. Licet de laudabili consuetudine in eadem ecclesia hactenus observata ad officia singula in eadem quorum ad nos spectat provisio nominare tres de capitulo ad ea ydoneos debeatis, ut uno eorum per nos postmodo approbato idem ad officium hujusmodi assumatur, ad omnia officia supradicta duos dumtaxat quorum aliqui, ut dicitur, non sufficiunt, nobis nuper per vestrum priorem nominare curastis, tam in numero quam personis contra dictam consuetudinem nos ut videtur artare conantes ; quod si in futurum procederet, inhabilibus una cum uno dumtaxat ydoneo nominatis, illum ydoneum ad arbitrium vestrum[2] cogeremur

in numero ut superius est expressum quod in expressum [Fo. 165.] prejudicium cederet | juris nostri. Quamquam igitur ex causis premissis nullum de dictis nominatis teneremur admittere, vobis tamen quatenus sine nostri juris offensa potuerimus complacere volentes et precipue ne ex dilacione morosa in dictis officiis dispendium iminere contingat, vobis domine prior committimus et mandamus quatinus fratres Walterum de Chelyndenn' ad supprioratum, Johannem de Well' ad celerarie, Robertum de Elham ad sacristarie, Odonem de Bocton' ad camerarie et Radulphum de Adesham ad secunde penitenciarie quos excepto penitenciario supradicto nobis nominastis officia, et quos ad ea duximus approbandos et ratificandos hac vice salvo tamen per omnia jure nostro auctoritate nostra ac eciam nostro nomine ut moris est preficiatis ; ita tamen quod in numero et personarum habilitate de cetero in nominacione consimili consuetudo pristina non mutetur.

---

[1] MS. destinate.　　　[2] Some words must be omitted.

Protestamur eciam nos velle de eisdem officiis corrigenda corrigere et gravamina si que in eisdem emerserint temporibus congruis ut convenit revocare. Interlinearfa "per vestrum priorem" et "excepto penitenciario supradicto" apposita ante consignacionem. Datum apud Cherringg' ij id. Aprilis anno domini m° cc° nonagesimo quinto et consecracionis nostre primo.

———

[*April 13th, 1295. Commission to excommunicate certain evil doers who have raided the Archbishop's barns.*]

EXECUCIO CONTRA INTRANTES GRANGIAS ARCHIEPISCOPI AUCTORITATE PROPRIA ET BLADA IPSIUS TRITURARI FACIENTES. —R. permissione divina Cantuariensis archiepiscopus tocius Anglie primas dilecto in Christo filio perpetuo vicario ecclesie de Terringg' salutem graciam et benedictionem. Audito quod quidam iniquitatis satellites domos et grangias nostras de Terringg' auctoritate propria seu temeritate pocius dei timore postposito violenter intrantes blada nostra ibidem que a domino rege nuper emimus fecerunt et adhuc faciunt triturari et preter nostram custodum seu ballivorum nostri inibi voluntatem aut gratam permissionem capere rapere consumere et auferre ac eciam illicite contractare non absque sacrilegii vicio presumpserunt hactenus et presumunt, quos cum suis in hac parte fautoribus non ambigitur ipso facto in majoris excommunicacionis sentenciam incidisse; ne igitur malefactores hujusmodi quod nostro periculo cederet incorrecti manentes ceteris prestent in futurum audaciam similia perpetrandi, vobis committimus et mandamus quatinus quam cito post recepcionem presencium fieri poterit oportune, in eadem ecclesia de Terringg' per rectores vicarios et presbiteros parochiales vicinos aliosque viros ydoneos ad ecclesiam ipsam ob id specialiter convocatos de dictorum malefactorum suorumque in hac parte fautorum nominibus inquirentes, quos super hoc per inquisicionem ipsam aut rei evidenciam vel alio modo quocumque culpabiles inveneritis aut notatos, ipsos si fieri poterit nominatim et in genere nichilominus, publice in ecclesia ipsa et vicinis ecclesiis intra missarum solempnïa canonice moneatis ut statim ab hujusmodi presumpcione desistant, alioquin eosdem tam nominatim quam in genere ut supra majoris excommunicacionis sentencia pulsatis campanis candelis accensis solempniter innodetis. Eos nichilominus in dictam excommunicacionis sentenciam ipso facto denuncietis in publicacione hujusmodi

C 2

incidisse et eos sic esse ligatos ab execucione hujusmodi quousque
vobis de satisfactione congrua in hac parte constiterit non cessantes,
ipsosque citetis peremptorie quod compareant personaliter coram
nobis ubicumque in civitate diocesi vel provincia Cantuariensi
fuerimus in crastino festi Sancti Johannis ante portam latinam
penam pro demeritis recepturi. Et quid inde feceritis ac de
nominibus auctorum[1] hujusmodi nos dictis die et loco certificetis
per vestras patentes litteras harum seriem continentes. Datum
apud Maghefeld id. Aprilis consecracionis nostre anno primo.

[*April 14th, 1295. Commission to the prior and chapter of the Cathedral monastery of Canterbury, to nominate in the Archbishop's name certain persons for
certain offices.*]

[Fo. 165ᵛ·]

COMMITTIT VICES SUAS PRIORI UT NOMINET CERTAS
PERSONAS AD CERTA OFFICIA.—R. permissione divina Cantuariensis archiepiscopus et cetera dilectis in Christo filiis priori et
capitulo ecclesie nostre Cantuariensis salutem graciam et benedictionem. Quia juxta desiderium voti nostri non possumus vestro
nos exhibere capitulo ne interim pro defectu officialium domus
vestra paciatur dispendium, vobis prior predicte committimus vices
nostras quatinus in capitulo fratres Walterum de Chilinden' ad
suprioratus, Radulphum de Adesham ad penitenciarie, Johannem
de Welle ad celerarie, Robertum de Elham ad sacristarie, et Odonem
de Bocton' ad camerarie officia prout consilio deliberato decrevimus nominetis, quibus presencium tenore precipimus quod dictis
officiis sint prout domui expedit efficaciter intendentes, proviso
quod in consimili casu de cetero tres personas ydoneas ad quod-
libet dictorum officiorum prout est de antiqua consuetudine faciendum Cantuariensi archiepiscopo qui pro tempore fuerit nominari
ut convenit faciatis, cui consuetudini per presens factum nolumus
derogari. Datum apud Maghefeld' xviij kal. Maii anno domini
m° cc° nonagesimo quinto et consecracionis nostre primo.

[*April 14th, 1295. Commission to act in the case of the king's presentation to the
church of Sevenoaks.*]

COMMISSIO AD CERTUM ACTUM.—R. permissione divina
Cantuariensis archiepiscopus tocius Anglie primas dilecto officiali
nostro salutem graciam et benedictionem. In negocio presenta-

---

[1] MS. actorum.

cionis facte per dominum regem Anglie illustrem de domino
Thoma de Capella ad ecclesiam de Sevenak' tempore quo custodia
archiepiscopatus predicti in manu ipsius domini regis extiterat ut
dicebatur vacantem, moto ex officio nostro ad promocionem dicti
Thome contra magistrum Rogerum de Sevenok'[1] ipsius ecclesie
nuper rectorem et adhuc incumbentem possessioni ejusdem, in
omnibus negocium ipsum tangentibus vobis vices nostras cum
cohercionis canonice potestate committimus, mandantes quatinus
juxta retroactorum tenorem coram nobis in dicto negocio habitorum
et eciam secundum naturam et qualitatem ipsius negocii cum continuacione et prorogacione dierum quatinus jus patitur procedatis
salvis tamen partibus de jure salvandis.   Datum apud Maiifeld
xviij kal. Maii anno domini m⁰ cc⁰ nonagesimo quinto consecracionis nostre primo.

[*April 19th, 1295. Commission to inhibit certain persons from infringing the
liberties of the church of Canterbury and to cite them to appear before the
Archbishop.*]

EXECUCIO CONTRA IMPEDIENTES LIBERTATES ECCLESIE
CANTUARIENSIS ET USUM CHACIE DOMINI ARCHIEPISCOPI.—R.
permissione divina Cantuariensis archiepiscopus tocius Anglie
primas dilecto filio officiali archidiaconi Lewensis salutem graciam
et benedictionem.   Subditis cure nostre quos in dilectionis visceri-
bus amplexamur sic congrue provideri conspicimus ut previsis que
potuerunt iminere periculis illicita fugiant et se ad profutura
convertant.   Plurium siquidem concordi relacione recepimus quod
filii ecclesie nostre licet degeneres ipsius ecclesie libertates notorias
infringere mollientes, libertates ipsas ad districtiones et exactiones
insolitas et prorsus indebitas faciendas ingredi et nos ac nostras in
usu chacie nostre per plana et nemora ubi eam habere debemus
machinacionibus variis impedire proponunt, quos si suum facerent
in hac parte propositum una cum suis super hoc fautoribus quibuscumque in majoris excommunicacionis sentenciam ipso facto inci-
dere planum esset.   Ad tantum igitur propulsandum periculum
vobis committimus et mandamus quatinus diebus dominicis et
festivis proximis post recepcionem presencium et eciam aliis de
quibus nostro nomine fueritis requisiti in ecclesiis conventualibus
et parochialibus vestre jurisdictioni subjectis, et precipue in ecclesiis
sancti Johannis, beate Marie de Westute, Omnium Sanctorum,
beate Marie in foro ville de Lewes et in ecclesia de Stretes, de

------

[1] sic.

Plumton', de Chage, de Berecampe, de Hammes, de Wyvelefeud et de Dymkemyngg' intra missarum solempnia faciatis publice inhiberi, ne quis dictas libertates sic intrare aut nostram chaciam supradictam seu usum ejusdem aliqualiter impedire pre-
[Fo. 166.] sumat, vel taliter intrantibus | seu impedientibus aut impedire conantibus quodcumque super hoc impertire presidium consilium vel favorem sub pena excommunicacionis majoris quam contravenientes incurrent ut premittitur ipso facto, et quam eciam ex habundanti si dicte inhibicioni non pareant ex nunc proferimus in eosdem, ipsamque sentenciam in delinquentes hujusmodi si qui in futurum extiterint in dictis ecclesiis cum solempnitate eadem publicantes. De eorum nominibus diebus et locis ad id congruis protinus inquiratis, et quos super hoc per inquisicionem eandem aut modis aliis quibuscumque culpabiles inveneritis aut notatos, peremptorie citetis vel faciatis citari quod compareant coram nobis, ubicumque in civitate diocesi vel provincia Cantuariensi fuerimus, die quem ad hoc duxeritis assignandum super interrogacionibus sibi ex officio faciendis personaliter juraturi et ad ea sub juramento hujusmodi responsuri proposituri eciam peremptorie et precise causam, si quam habuerint, quare sic excommunicati denunciari non debeant nominatim et puniri canonice pro commissis. De die vero recepcionis presencium et quid in premissis feceritis ac eciam de nominibus taliter citatorum, nos dictis die et loco certificetis per vestras litteras patentes harum seriem continentes. Datum apud Suthmallingg' xiij kal. Maii anno domini m⁰ cc⁰ nonagesimo quinto consecracionis nostre anno primo.

———

[*April 8th, 1295. Gift of a prebend in St. Paul's.*]
CONFERT PREBENDAM AUCTORITATE APOSTOLICA.—R. permissione divina Cantuariensis archiepiscopus tocius Anglie primas dilecto in Christo filio magistro Radulpho de Mallingg' canonico ecclesie sancti Pauli Londonie salutem graciam et benedictionem. Cupientes ut meritis tuis inducimur tuam honorare personam, prebendam in dicta Londoniensi ecclesia per mortem Hugonis de Kendal' nuper vacantem cum suis juribus ac pertinenciis et plenitudine juris canonici in eadem ecclesia tibi auctoritate papali nobis in hac parte concessa caritative conferimus, et te de eadem prebenda cum juribus antedictis per nostrum anulum investimus. In quorum testimonium et futuram memoriam has litteras nostras patentes tibi concedimus sigilli nostri munimine roboratas. Datum apud Cherringg' vi id. Aprilis anno domini m⁰ cc⁰ nonagesimo quinto consecracionis nostre primo.

[*April 9th, 1295.   Grant of letters dimissory to Leonisius of Sheppey.*]

LITTERE DIMISSORIE.—R. permissione divina Cantuariensis archiepiscopus tocius Anglie primas dilecto in Christo filio Leonisio de Scapeya nostre diocesis primam dumtaxat tonsuram habenti salutem graciam et benedictionem.   Tuis precibus inclinati et ex eo precipue quod curiam Romanam tam peregrinacionis optentu quam eciam pro tuis negociis arduis expediendis ibidem adire proponens ad id cum festinacione dirigis iter tuum, ut a quocumque episcopo catholico ab unitate ecclesie non preciso tibi manus imponere potestatem habenti omnes ordines, minores videlicet et majores seu sacros, temporibus oportunis recipere et in eisdem eciam ministrare post recepcionem eorum licite valeas, non obstante quod de nostra diocesi oriundus existis liberam tibi concedimus facultatem.   Ad que presentes litteras patentes tibi concedimus sigilli nostri munimine roboratas.   Datum apud Cherringg' v id. Aprilis anno domini mº ccº nonagesimo quinto consecracionis nostre primo.

———

[*April 12th, 1295.   Commission to cite certain evildoers to appear before the Archbishop, and to excommunicate others.*]

EXECUCIO ET CITACIO CONTRA QUOSDAM MALEFACTORES.— R. permissione divina Cantuariensis archiepiscopus tocius Anglie primas dilecto in Christo filio decano de Limen' salutem graciam et benedictionem.   Licet singulis juris ignoranciam pretendere non valentibus et precipue Cantuariensis provincie subditis innotescat omnes illos qui ecclesias suo jure privare presumunt aut per maliciam libertates eorum infringere vel perturbare contendunt, in sentenciam majoris excommunicacionis incidere ipso facto, nonnulli tamen nequicie filii tantum considerare periculum non curantes, et precipue Johannes le Furmager Thomas le Clavier | de [Fo. 166ᵛ·] Cur' de Kenerdinton' et Johannes de Rode per parochiam de Werhorn' aliique complices eorundem in villa de Wodecherch' infra libertatem dicte ecclesie nostre eciam infra solempnitatem paschalem, quod ipsam in materia aggravat, violenter ingredi presumentes, animalia Ricardi de Kelche et Henrici Viscat libertatis predicte infra libertatem eandem per districtionem indebitam et hactenus dissuetam injuriose ceperunt et districtionem hujusmodi extra dictam libertatem ducentes seu duci nequiter facientes ipsam districtionem adhuc injuriose ut dicitur detinent et restituere contradicunt, quos non ambigitur, si sit ita, in dictam excommunicacionis sentenciam incidisse.   Ne igitur malefactores hujusmodi in statu dampnabili quod nostro periculo cederet incorrecti remaneant, nec id in postremum cedat aliis in exemplum, vobis committimus et mandamus quatinus ad dictam ecclesiam de Wodecherch' quam cicius oportune poteritis personaliter accedentes per rectores et vicarios tam ipsius ecclesie quam eciam vicinarum aliosque viros ydoneos, denunciato legitime prius, tam dictis Johanni Thome et Johanni nominatim quam eciam publice et in genere ceteris qui sua interesse crediderint, quod inquisicioni subscripte si sibi viderint expedire intersint, inquisicionem faciatis de premissis omnibus diligentem, et tam dictos Johannem Thomam et Johannem quam eciam ceteros quos per inquisicionem predictam de dicto maleficio inveneritis esse notatos peremptorie citetis quod compareant coram nobis ubicumque in civitate diocesi vel provincia Cantuariensi fuerimus proxima die juridico post festum invencionis sancte crucis, super obiciendis eisdem ex officio de veritate dicenda personaliter juraturi, et ad interrogaciones super hoc faciendas eisdem sub juramento hujusmodi responsuri ac eciam precise et peremptorie proposituri et ostensuri causam si quam habeant quare sic excommunicati denunciari non debeant nominatim, et eis pro tantis excessibus canonica pena infligi, facturi et recepturi ulterius quod est justum. Moneatis eciam canonice sine mora dictos animalium detentores ut ipsa infra triduum post hujusmodi monicionem restituant ut tenentur. Dictos eciam malefactores de quorum forte nominibus ignoratur in genere per tres dies dominicos proximos post recepcionem presencium in dicta ecclesia de Wodecherch' et vicinis eidem intra missarum solempnia excommunicatos ut premittitur denunciari publice faciatis. De die vero recepcionis presencium et quid de premissis feceritis ac eciam de nominibus citatorum ipsorum nos dictis die et loco certificetis per vestras litteras patentes harum seriem continentes. Ad quos inquisicionem predictam sub sigillo vestro mittatis inclusam. Datum apud Cherringg' iij id. Aprilis anno domini m° cc° nonagesimo quinto consecracionis nostre primo. ———

[*April 20th, 1295. Letter from the archdeacon of Winchester about an inquisition concerning a case of illegitimate birth.*]

CROK'. LITTERA SUPER DEFECTU NATALIUM AUCTORITATE APOSTOLICA.—Reverendo in Christo patri domino Roberto dei gracia Cantuariensi archiepiscopo tocius Anglie primati suus devotus clericus Philipus archidiaconus Winton' reverenciam et obedienciam debitas tanto patri. Paternitatis vestre mandatum
[Fo. 167.] recepi nuperime in hec verba R. . . . . primo.[1] | Hujus-

---

[1] As above pp. 15, 16.

modi igitur auctoritate mandati in pleno capitulo decanatus
de Andevere prope dictam Eston' Crock' ubi dictus Willelmus
traxit originem vocatis ad hoc specialiter omnibus per quos magis
veritas sciri posset diligentem feci inquisicionem juxta formam vim
et effectum dicti mandati vestri que dicit quod idem Willelmus de
soluto genitus est et soluta nec est paterne incontinencie imitator
sed vita et moribus prout humana fragilitas scire permittit com-
mendandus existit et major xxv annis.   In cujus rei testimonium
presentibus magistris Johanne et Roelando rectoribus ecclesiarum
de Facumbe et de Wodecoc, dominis Henrico et Jordano rectoribus ecclesiarum de Enham et de Linkelnolt, Ricardo, Godefrido,
Adam, Roberto, de Wallop, de Huseburne Regis, de Andevere et de
Cumbe ecclesiarum vicariis per quos facta fuit ista inquisicio
sigillum meum inquisicioni isti apposui.   Datum apud Andevere
propter loci capacitatem die mercurii proxima ante festum beati
Georgii anno domini mº ccº nonagesimo quinto.

[April 27th, 1295. Dispensation for ordination for above case.]

DISPENSAT SUPER DEFECTU NATALIUM VIRTUTE PRIVI-
LEGII SIBI CONCESSI.—R. permissione divina Cantuariensis archiepiscopus tocius Anglie primas dilecto in Christo filio Willelmo de
Eston' Crock' in minoribus ordinibus constituto Wintoniensis
dyocesis salutem graciam et benedictionem. Ut donum gracie
specialis ceteris viam promocionis aperiat, dispensandi cum clericis
usque ad numerum certum ydoneis sciencia moribus et etate super
defectu natalium quem paciuntur de soluto geniti et soluta, quod
hujusmodi non obstante defectu possint ad omnes ordines promoveri et ecclesiasticum beneficium optinere eciam si curam habeat
animarum, nobis conceditur ab apostolica sede facultas. Divine
igitur caritatis intuitu tuorumque amicorum quibus zelo debite
dilectionis afficimur precibus excitati, tecum ex soluto geniti et
soluta, qui sciencia moribus et etate per inquisicionem legitimam
ydoneus es repertus, quod ipso non obstante defectu possis ad
omnes ordines promoveri et beneficium ecclesiasticum curam
habens animarum ut premittitur obtinere auctoritate predicta
tenore presencium dispensamus. In cujus rei testimonium has
litteras patentes tibi concedimus nostri sigilli munimine roboratas.
Datum apud Suthmallingg' quinto kal. Maii anno domino mº ccº
nonagesimo quinto et nostre consecracionis primo.

[*May 7th, 1295. Letter to the Bishop of Bangor about prayers and special services for the Holy Land and for the King and the kingdom.*]

SCRIBIT UT CELEBRETUR ET ORETUR PRO TERRE SANCTE SUBSIDIO NECNON PRO STATU REGIS ET REGNI.—R. permissione divina Cantuariensis archiepiscopus tocius Anglie primas venerabili fratri domino . . dei gracia Bangorensi episcopo salutem et fraternam in domino caritatem. Nostre sollicitudinis aciem ad expeditiva per amplius ut oportet undique dirigentes, finali remedio congruum et inevitabiliter oportunum esse conspicimus ut iram dei per humana demerita frequenter accensam mitigari placabilibus hostiis vigilanti studio procuremus, ad quod divine clemencie promptitudo nos excitat et instantis temporis indubitata necessitas admonet et inducit, dum regnis et populis fidei Christiane per eorum discordias et stragem innumeram mutua persecucione concussis presidium terre sancte in augmentum fidei nostre a populari potencia divino juvamine succedente speratum in magna parte minuitur et animarum periculum indubitatis indiciis creditur iminere, viam itaque ad remedia super hiis procuranda pensantes, precipuum et primum esse debere perpendimus ut delictorum rubigine vigilanter excussa, populus habilitatus ad graciam devocioni debite firmius applicetur et meritoriis actibus subsecutis caritatem algentem et fere jam exulem revocari tantaque cessare pericula faciat summus judex. Ad quod populus ipse per prelatorum suorum debite sanctitatis ac devocionis exemplum efficacius inducetur. Ut igitur tante necessitatis negocium morosa dissimulacione non pereat sed ecclesia super hiis manum ut convenit diligenter apponat viam salubris obsequii in nobis primitus inchoantes ut convenit placere deo virtutum operibus ardenti conamine studeamus, eoque in˙nobis affectuose premisso, fraternitati vestre committimus et mandamus quatinus vestris subditis tam clero quam populo diebus et locis que ad id oportuna videritis celeriter convocatis, proposito verbo dei et expositis que premittuntur periculis in ecclesia necessitate urgente que ad remedia super hiis imploranda jam iminent, tam clerus quam populus ad expiacionem excessuum et devocionem con-
[Fo. 167ᵛ·] gruam excitetur, exponendo eisdem que circa | ea ut inferius tangitur sunt provisa. In vestra siquidem cathedrali ecclesia et singulis collegiatis ac parochialibus ecclesiis vestre diocesis missam peculiarem pro terre sancte subsidio et pro statu, necnon et pro statu regis et regni Anglie cum officio *Salus populi* et oracionibus propriis ad premissa faciatis [bis] in ebdomada quarta videlicet et sexta feria, si a festo cum regimine chori vacaverit et aliud impedimentum racionabile non subsistat, alioquin aliis feriis

ad hoc aptis, solempniter celebrari, et tam in ipsis quam aliis missis
de die, festorum duplicium solempnitatibus dumtaxat exceptis,
immediate ante *Pax domini* presbiteri taliter celebrantes flexis a
clero et populo genibus, psalmos *Deus venerunt, Deus misereatur,
Ad te levavi* cum precibus et oracionibus presentibus interclusis
rotunde pronuncient sine nota. In civitatibus eciam et villis
mercatis ac aliis in quibus populi pariter habitantes de facili
poterunt conveniri per vicos ejusdem si id aeris paciatur serenitas,
alioquin in ipsis ecclesiis, qualibet sexta feria fiat solempnis cum
pulsacione campanarum processio et decantacione solita letanie
missa solempni in ecclesia ad id congrua ut superius tangitur postea
subsecuta. In villis vero campestribus ubi populus distanter
inhabitat processio similis cum presbitero et ministris ejusdem ac
eciam comitiva presenti circa cimiterium si id tempus paciatur,
alioquin in ipsa ecclesia, cum missa sequente ut pretangitur celebretur, et parochiani qui propter locorum distanciam eidem pro-
cessioni interesse non poterunt quarta et sexta feria dicant quin-
quies *Pater noster* et *Ave Maria.* Presbiteri eciam diaconi et sub-
diaconi manentes in ipsa parochia non curati eisdem feriis si pro-
cessioni predicte interesse non valeant septem psalmos penitenciales
cum letania aliisque oracionibus quas eorum voluntati relinquimus
dicant humiliter et devote. In vestris eciam oratoriis seu capellis
ut a vobis incipiat devocionis occasio, missis et ceteris que fieri convenit in eisdem premissa fieri faciatis. Religiosos autem exemptos
cujuscumque status vel condicionis existant ut premissa in suis
ecclesiis similiter faciant modo quo convenit inducatis. Omnibus
vero catholicis vere contritis et confessis dictas processiones
sequentibus quadraginta, psalmos vero penitenciales ut supra
dicentibus viginti oraciones autem dominicas cum salutacionibus
virginis gloriose predictis dicentibus, decem dies indulgencie singulis
vicibus quibus ea sic fecerint, de dei pietate et sue sanctissime
matris et sancti Thome martyris aliorumque sanctorum meritis confidentes concedimus graciose. Memoratam quoque indulgenciam
ad devocionem fidelium excitandam favorabiliter amplietis prout
vobis divinitus fuerit inspiratum, pro vestris eciam parochianis
ratificantes indulgencias super hiis per quoscumque ad id potestatem habentes concessas ac eciam in posterum concedendas, quas
indulgencias et ratificacionem ipsarum faciatis temporibus et locis
congruis publicari, ea omnia tam diligenti conamine et modo
laudabili prosequi facientes ut exinde fructuosus divina clemencia
speretur effectus et vobis cedere valeat ad incomparabile comodum
et cumulum meritorum. Presbiteris vero parochialibus cedule pre-

missorum substanciam quatenus ad eos et eorum subditos pertinent continentes tradantur prout vestra circumspecta discrecio duxerit ordinandum. Valete. Datum apud Slyndon' iiij^{to} non. Maii anno domini m° cc° nonagesimo quinto et consecracionis nostre primo.

————

[*May 6th, 1295. Letter to the prior and chapter of the cathedral monastery of Canterbury about the same.*]

SUPER EODEM.—R. permissione divina Cantuariensis archiepiscopus tocius Anglie primas dilectis in Christo filiis priori et capitulo ecclesie nostre Cantuariensis salutem graciam et benedictionem. Nostre sollicitudinis aciem *(as above)* [Fo 168.] . . . . ut placere deo virtutum operibus studeamus, vestram igitur devocionem requirimus et hortamur ut missam specialem pro terre sancte subsidio et pro pace ac eciam pro statu regis et regni Anglie, cum officio *Salus populi* et oracionibus congruis faciatis in ecclesia vestra bis in ebdomada celebrari; et qualibet sexta feria si non subsit impedimentum legitimum, alioquin alia competenti, processiones solempnes fieri cum decantacione solita letanie singulisque diebus in ebdomada, solempnibus festis dumtaxat exceptis, in missa de die sacerdos celebrans immediate antequam dicatur *Pax domini* tres psalmos videlicet *Deus venerunt, Deus misereatur, Ad te levavi,* cum precibus et oracionibus presentibus interclusis, tam clero quam populo interim genuflexis rotunde pronuncient sine nota. Alia vero devota suffragia superaddenda prout vobis inspiratum extiterit vestre relinquimus sanctitati; singulis autem catholicis vero confessis et contritis quos missis aut processionibus antedictis interesse contigerit quadraginta dies indulgencie de dei pietate sueque sanctissime matris sancti Thome martyris et aliorum sanctorum meritis confidentes concedimus graciose. Ipsamque indulgenciam faciatis in dictis processionibus et predicacionibus aliisque temporibus congruis publicari; premissa omnia tam devote tamque provide efficaciter exequentes ut exinde fructuosus divina clemencia speretur effectus et vobis ac ceteris proficiat ad salutem. Valete semper in Christo. Datum apud Slyndon' ij non. Maii anno domini m cc° nonagesimo quinto et consecracionis nostre primo.

————

[*May 6th, 1295. Letter to a certain person about the same.*]

MANDAT UT CELEBRETUR PRO TERRE SANCTE SUBSIDIO ET PRO STATU REGIS ET REGNI. R.—R. permissione divina et

cetera dilecto et cetera. Ad iram dei, quam ex calamitatibus
motis et crescentibus omni die frequenter accensam presumimus et
timemus, placabilibus hostiis mitigandam certa suffragia que eciam
nostris suffraganeis scripsimus providentes, vobis injungimus et
mandamus quatinus clero et populo Cantuariensis diocesis, excepta nostra Cantuariensi ecclesia cujus capitulo specialiter scripsimus, ad dies et loca que cum minori gravamine expedire videritis
convocato, proposito per predicatores ydoneos verbo dei et expositis que iminent in presenti periculis, tam clerus quam populus
ad expiacionem excessuum qui dicta presumuntur causare pericula
et ad emendacionem congruam excitentur. In singulis eciam
ecclesiis diocesis ejusdem tam religiosis quam parochialibus
missam specialem pro terre sancte subsidio et pro pace ac pro statu
regis et regni Anglie faciatis bis in ebdomada cum officio *Salus
populi* et oracionibus congruis celebrari, et qualibet sexta feria si
legitimum impedimentum non subsit, alioquin alia feria ad id apta,
in civitate Cantuariensi et in villis mercatis ejusdem diocesis ac
aliis ubi populus conjunctis edificiis de facili poterit convenire, fiat
solempnis cum pulsacione campanarum processio et decantacione
solita letanie per vicos villarum ipsarum si id aeris paciatur serenitas, alioquin in ecclesiis earundem, et in singulis missis de die per
ebdomadam exceptis dumtaxat festis solempnibus, presbiteri
taliter celebrantes protinus antequam dicatur *Pax domini* psalmos
Deus venerunt, Deus misereatur et *Ad te levavi* cum versu *Gloria
patri* post singulos et cum precibus ac oracionibus presentibus
interclusis, clero et populo flexis genibus interim inclinante, dicant
humiliter sine nota. Presbiteri eciam et clerici non curati prefate
        diocesis qui dicte processioni interesse non poterunt,
[Fo. 168ᵛ·] septem psalmos penitenciales cum letania | et quilibet
        ceterorum popularium quinquies *Pater noster* et *Ave Maria*
dicant ad minus in sexta feria supradicta. Alia eciam super-
addant suffragia que tamen eorum relinquimus voluntati. Religiosos
insuper diocesis Cantuariensis et specialiter abbatem et conventum
sancti Augustini ut in locis suis similia faciant pronis precibus
prout expedire videritis inducatis. Singulis autem catholicis vere
contritis et confessis in missis aut processionibus antedictis presentibus quadraginta, dictos vero psalmos penitenciales dicentibus
cum letania viginti ceteris eciam *Pater noster* et *Ave Maria* ut
supra dicentibus aliave facientibus pietatis suffragia, decem dies
indulgencie de dei pietate et sue sanctissime matris et sancti Thome
martyris aliorumque sanctorum meritis concedimus graciose, spera-
tamque indulgenciam ab aliis suffraganeis nostris mandavimus

ampliari. Que omnia temporibus et locis ydoneis puplicari
solempniter faciatis, ecclesia nostra Cantuariensi predicta ut prenotatur excepta. Ea vero tam diligenti studio exequi faciatis ut
oportunus exinde speretur effectus et ad salutem proficiat animarum. Cedulas insuper premissorum substanciam continentes
presbiteris parochialibus quatenus ad eos et eorum subditos pertinent tradi seu fieri prout expedire videritis procuretis. Datum et
cetera ut supra.

***

[*April 24th, 1295. Appointment by the Bishop of London to the archdeaconry of
Middlesex.*]

COLLACIO FACTA DE ARCHIDIACONATU MIDDELSEX'.—R.
permissione divina Londoniensis episcopus dilecto in Christo filio
magistro Radulpho de Mallingg' canonico ecclesie nostre Londoniensis salutem graciam et benedictionem. Archidiaconatum Middlesex' in ecclesia nostra predicta cum plenitudine juris archidia-
conatus ejusdem ex eo vacantem, quod magister Radulphus de
Baudak' ultimo archidiaconus Middelsex' in decanum nostre
ecclesie supradicte canonice est assumptus, tibi caritatis intuitu
conferimus per presentes. In cujus rei testimonium has litteras
nostras patentes tibi concedimus sigilli munimine roboratas.
Datum apud Orseth' viii kal. Maii anno domini m° cc° nonagesimo
quinto et pontificatus nostri quinto decimo.

***

[*May 8th, 1295. Grant of letters dimissory to William of Canterbury.*]

LITTERE DIMISSORIE.—R. permissione divina Cantuariensis
archiepiscopus tocius Anglie primas dilecto filio Willelmo de Can-
tuaria primam dumtaxat tonsuram habenti nepoti discreti viri
magistri Willelmi de Torinton' canonici ecclesie Lincolniensis salutem graciam et benedictionem. Ut a quocumque episcopo catholico ab unitate ecclesie non preciso ad omnes ordines tam minores
quam sacros temporibus congruis valeas promoveri, non obstante
quod de nostra diocesi Cantuariensi oriundus existis, liberam tibi
concedimus facultatem. Datum apud Slyndon' viii idus Maii anno
domini m° cc° nonagesimo quinto.

***

[*June 2nd, 1295. Commission to the Bishop of London to cite all the bishops of
the province to attend convocation on July 15th in London.*]

CONVOCACIO COEPISCOPORUM ET SUFFRAGANEORUM.—R.
permissione divina Cantuariensis archiepiscopus tocius Anglie
primas venerabili fratri domino R. dei gracia Londoniensi episcopo

salutem et fraternam in domino caritatem. Emergencium nuper
necessitas nos inducit confratres et coepiscopos nostros celerius quam
in mente concepimus aut juxta qualitatem temporis oportunum
existeret convocare. Tanta igitur necessitate compulsi fraternitati
vestre committimus et mandamus quatinus cum celeritate qua fieri
poterit oportune omnes et singulos coepiscopos et suffraganeos
nostre provincie convocari ac citari peremptorie faciatis ut omni
evitabili qualitercumque excusacione postposita, que si pretensa
extiterit nullatenus admittetur, Idus Julii apud novum templum
London' ad tractandum nobiscum dicto die et diebus sequentibus
proximis quamdiu oportunum extiterit super articulis arduis statum
tocius ecclesie provincie antedicte et omnium personarum ecclesi-
asticarum ejusdem tangentibus, in virtute sancte obediencie quam
nobis et ecclesie nostre Cantuariensi exhibere juramento prestito
personaliter sunt professi, et sub pena districtionis canonice suam
              exhibeant presenciam personalem. Vos eciam eisdem die
[Fo. 169] et loco personaliter | ad id idem postpositis aliis intersitis.

De die vero recepcionis presencium et quid inde feceritis
nos dictis die et loco vestris patentibus litteris harum tenorem
habentibus curetis reddere cerciores. Datum apud Otteford' iiij
nonas Junii anno domini m° cc° nonagesimo quinto consecracionis
nostre primo.

———

[April 27th, 1295. Letter from the Archbishop to the Bishop of Salisbury, con-
ferring the next vacant prebend in the cathedral church of Salisbury on Simon
of Ghent.]

LITTERA EXECUTORIA SUPER PROVISIONE FACTA MAGISTRO
SYMONI DE GAND' DE CANONICATU ET PREBENDA IN ECCLESIA
SARENSI PER ARCHIEPISCOPUM AUCTORITATE AFOSTOLICA COG-
NOSCENTEM.—R. permissione divina Cantuariensis archiepiscopus
tocius Anglie primas venerabili in Christo fratri domino N. dei
gracia Sarensi episcopo salutem et fraternam in domino caritatem.
Litteras summi pontificis sub infrascripto tenore recepimus. Celestinus episcopus servus servorum dei venerabili fratri R. archiepiscopo Cantuariensi salutem et apostolicam benedictionem. Volentes
tibi illam facere graciam per quam possis aliis providere faciendi
recipi in singulis ecclesiis tue provincie cathedralibus et collegiatis
singulos clericos in canonicos et in fratres et providendi eorum
cuilibet de prebenda si vacat ad presens vel quamcito vacaverit,
dummodo ex hoc juri alii in eisdem ecclesiis competenti nullum
prejudicium generetur, contradictores quoque per censuram eccle-

siasticam appellacione postposita compescendi non obstante si
aliquibus a sede apostolica sit indultum quod ad provisionem
alicujus minime teneantur et ad id compelli sive interdici sus-
pendi vel excommunicari non possint, aut quod de beneficiis ad
collacionem eorum spectantibus nulli valeat provideri per litteras
apostolicas non facientes plenam et expressam de indulto hujusmodi mencionem, et qualibet alia[1] dicte sedis generali vel speciali
cujuscumque tenoris existat per quam nostris litteris non expressam vel totaliter non insertam effectus presencium impediri valeat
vel differri et de qua cujusque toto tenore de verbo ad verbum
habenda sit mencio specialis, plenam auctoritate presencium concedimus facultatem.   Datum Aquile ij[e] kalendas Octobris pontificatus nostri anno primo.   Cupientes itaque Sarensi[2] ecclesie
supradicte prospicere de canonicatu in ecclesia eadem et prebenda
si vacet discreto viro magistro Symoni de Gandavo archidiacono
Oxoniensi sine juris alterius in eadem ecclesia prejudicio auctoritate predicta providimus, et per nostrum anulum ipsum investivimus de eisdem; si vero prebenda hujusmodi non vacaret prebendam proximo in ipsa ecclesia vacaturam collacioni nostre ut
premittitur faciende auctoritate eadem duximus reservandam,
decernentes irritum et inane si quid contra provisionem seu reservacionem hujusmodi fuerit attemptatum.   Quocirca auctoritate
predicta de qua fidem vobis fieri volumus pleniorem in virtute
obediencie qua sedi supradicte tenemini, vobis injungimus et mandamus quatinus provisionem premissam quatenus ad vos attinet
exortacionibus congruis et modis aliis quibus oportunum extiterit
efficaciter exequi faciatis, vobis eciam auctoritate eadem firmiter
inhibemus ne contra provisionem aut reservacionem premissas seu
earum effectum in dicta Sarensi ecclesia cuiquam conferatis vel
quicquam aliud attemptetis aut faciatis seu permittatis quatenus
in vobis est attemptari.   Nos enim si secus actum fuerit per quemcumque id eciam ex habundanti auctoritate premissa decrevimus
irritum et inane, reservata nobis potestate plenaria contradictores
super hiis et rebelles quociens oportunum extiterit canonice
cohercendi.   De die vero recepcionis presencium et quid de premissis feceritis nos litteris vestris patentibus harum tenorem habentibus, cum vos super hoc oportune requiri contigerit, curetis reddere
cerciores.   Datum apud Suthmallyngg' v[to] kalendas Maii anno
domini m° cc° nonagesimo quinto consecracionis nostre primo.

---

[1] An omission here.   [2] *Sic* MS. here and elsewhere.

[*May 14th, 1295. Grant of full powers to hear causes in the Archbishop's absence to a commission of three persons.*]

[Fo. 169ᵛ·]

COMMISSIO FACTA AUDITORIBUS.—In nomine domini amen. Anno ejusdem ab incarnacione mᵒ ccᵒ nonagesimo quinto indictione octava ij idus Maii, reverendus pater dominus R. dei gracia Cantuariensis archiepiscopus tocius Anglie primas in presencia mei notarii et testium infrascriptorum personaliter constitutus vive vocis oraculo commisit vices suas cum cohercionis canonice potestate, quociens ipsum patrem abesse contigerit, in omnibus causis et negociis coram se motis et movendis venerabilibus et discretis viris magistris Roberto de Ros sancti Pauli Londonie, Johanni de Bestan' Herforden' ecclesiarum canonicis et Willelmo de Staundon' rectori ecclesie de Buketon' tunc presentibus[1] ad audiendum et fine debito terminandum causas et negocia memorata; ita quod si omnes simul esse non possint duo saltem ipsorum in causis et negociis cognoscant ut premittitur memoratis.   Acta sunt hec in ecclesia de Pagham presentibus venerabili viro magistro Radulpho de Mallyng' archidiacono Middelsex', et magistro Thoma de Opton' rectore ecclesie de Adesham testibus ad premissa vocatis et rogatis. Et ego [Hugo] Hugonis[2] de Musele clericus Lyncolniensis diocesis sacrosancte Romane ecclesie publicus auctoritate notarius premissa scripsi et in hanc publicam formam redegi meoque signo consueto signavi de mandato patris supradicti.

───────

[*May 14th, 1295. Grant by the Archbishop of a chantry in the church of Pagham.*]

CONFERT CANTARIAM DE PAGHAM.—R. permissione divina Cantuariensis archiepiscopus tocius Anglie primas dilecto filio Willelmo dicto Crol de Pageham presbitero salutem graciam et benedictionem.   Laudabile testimonium quod de tua conversacione in villa de Pageham supradicta recepimus tuamque originem in ea ac noticiam advertentes cantariam beate virginis in ecclesia de Pageham antedicta que nostre immediate jurisdictioni subicitur celebrandam una cum juribus et pertinenciis ad cantariam eandem, ad quam per parochianos ipsius ecclesie ut moris est presentatus existis, tibi tuo perpetuo confirmamus et conferimus per presentes. In cujus rei testimonium has litteras tibi concedimus patentes, nostri sigilli munimine roboratas.   Datum apud Pageham iiᵉ idus Maii anno domini mᵒ ccᵒ nonagesimo quinto et consecracionis nostre primo.

─────────────

[1] MS. presentes.   [2] Cf. page 7.

[*June 17th, 1295. Admission and institution to the church of Rolvenden.*]

ADMISSIO ET INSTITUCIO IN ECCLESIAM DE ROLWEN-
DENN'.—R. permissione divina Cantuariensis archiepiscopus tocius
Anglie primas dilecto filio Stephano de Certeseye diacono salutem
graciam et benedictionem. Ad ecclesiam de Rolvindenn' nostre
diocesis ad quam per Johannem de Lenham hac vice patronum
ejusdem, prout per inquisicionem inde factam recepimus presentatus existis, te ad presentacionem eandem admittimus et rectorem in
ea instituimus ac eadem ecclesia per nostrum anulum investimus.
In cujus rei testimonium has litteras nostras patentes tibi concedimus sigilli nostri munimine roboratas. Datum apud Suthmallingg' xv kal. Julii anno domini m° cc° nonagesimo quinto
consecracionis nostre primo.

———

[*June 17th, 1295. Commission to the archdeacon of Canterbury to induct Stephen
of Chertsey into the church of Rolvenden*].

INDUCTIO IN CORPORALEM POSSESSIONEM ECCLESIE DE
ROLVENDENN'.—R. permissione divina Cantuariensis archiepiscopus tocius Anglie primas dilecto filio archidiacono Cantuariensi vel ejus officiali salutem graciam et benedictionem. Quia in
negocio presentacionis ad ecclesiam de Rolvindenn' nostre diocesis
per Johannem de Lenham hac vice, prout per inquisicionem inde
factam recepimus, patronum ejusdem de Stephano de Certeseye
diacono nobis facte cui magister Willelmus de Halstede ejusdem
ecclesie possessioni incumbens se opposuit, rite ut convenit ex nostro
procedentes officio declarato legitime per nostros commissarios
speciales ipsum magistrum W. jus in eadem ecclesia non habere, et
ipsum ecclesiam vacare ac per hoc eundem magistrum a possessione
seu verius detentacione ecclesie memorate quatenus de facto eidem
incubuit amoveri debere, prefatum Stephanum | dicte pre-
[Fo. 170] sentacionis optentu admisimus ad eandem, ipsumque rectorem instituentes in ea per nostrum anulum investivimus
ecclesia sepedicta ; vobis committimus et mandamus quatinus prefatum Willelmum de Haustede a detentacione memorate ecclesie
efficaciter amoventes dictum Stephanum seu suum procuratorem
ejus nomine in corporalem possessionem ejusdem ecclesie de
Rolvindenn' cum suis juribus et pertinenciis inducatis et defendatis
inductum, contradictores et rebelles per censuram ecclesiasticam
compescendo, et quid inde feceritis nos vestris patentibus litteris
harum tenorem habentibus certificetis cum fueritis super hoc
requisiti. Datum apud Suthmalling' xv kal. Julii anno domini m°
cc° nonagesimo quinto consecracionis nostre primo.

[June 18th, 1295. Injunction to Stephen of Chertsey to absent himself for a year for study, and then to present himself to the Archbishop for examination to see if he be fit to be rector of Rolvenden.]

INJUNGIT STEPHANO DE CERTESEYE UT AD STUDIUM SE TRANSFERAT.—Memorandum quod cum Stephanus de Certeseya diaconus fuisset ad ecclesiam de Rolvindenn' Cantuariensis diocesis presentatus et per venerabilem patrem dominum R. dei gracia Cantuariensem archiepiscopum tocius Anglie primatem examinatus ac ipsius patris judicio aliquantulum tenuis in litteratura quoad regimen ecclesie prenotate repertus, idem pater ipsum Stephanum in ceteris quatenus humana fragilitas nosse sinit idoneum reputans et eum ea racione ad ecclesiam ipsam graciose admittens, eidem Stephano post ipsam admissionem injunxit ut oportunitate recepta quamcito posset ad idoneum litterarum studium se transferret et per totum annum post confectionem presencium in hujusmodi studio proficere laboraret. Ita videlicet ut post finem anni predicti dictus Stephanus ad patrem memoratum personaliter rediens examinacionem ab eo super litteratura subiret et subeat, et si tunc ipsius patris judicio predictus Stephanus in litteratura reperiatur idoneus aut tollerabilis ad curam predicte ecclesie faciendam in ea ut rector remaneat. Alioquin idem Stephanus ecclesia ipsa extunc privatus existat et ab ea totaliter amoveatur, nullum jus in ipsa ecclesia ea presentacione seu admissione predicta postmodum habiturus. Idemque Stephanus premissam monicionem[1] et formam ejusdem in omnibus approbans et acceptans sacramentum prestitit corporale se ea omnia servaturum et in nullo contraventurum, renuncians omnibus appellacionibus et impetracionibus factis et faciendis contra premissa vel aliquod premissorum et omni juris remedio per quod ea vel eorum aliquid poterunt inpediri. Datum apud Suthmallyngg' xiiii kal. Julii anno domini m° cc° nonagesimo quinto.

ADMISSIO AD ECCLESIAM DE STAPELHURST.

June 22nd, 1295. Letters of institution of Thomas de Somery to the rectory of Staplehurst at the presentation of John de Somery, patron, South Malling x kal. Julii 1295.

[June 28th, 1295. Commission for induction to the church of Milton.]

HIC MANDAT . . INDUCI IN POSSESSIONE ECCLESIE DE . . — R. et cetera dilecto filio archidiacono Cantuariensi vel ejus officiali

---

[1] MS. minucionem.

salutem et cetera. Quia Thomam de Schireburn' capellanum ad ecclesiam de Meleton' nostre diocesis per mortem Thome ultimi rectoris ejusdem vacantem ad presentacionem domini Roberti de Sevauns militis patroni ecclesie supradicte, prout per inquisicionem inde factam liquere videtur, admisimus et rectorem instituimus in eadem, vobis committimus et mandamus quatinus dictum Thomam seu suum procuratorem ejus nomine in corporalem possessionem

ejusdem ecclesie de Meleton' cum suis juri | bus et perti-
[Fo. 170ᵛ·] nenciis inducatis seu faciatis induci, nos super hoc cum congrue requisiti fueritis certificantes per vestras patentes litteras harum seriem continentes. Datum apud Bocton' iiijᵗᵒ kal. Julii anno domini mᵒ ccᵒ nonagesimo quinto consecracionis nostre primo.

[*May 30th, 1295. Grant of the deanery of the Arches to Henry of Nassington, canon of Lincoln.*]

COMMISSIO AD OFFICIUM DECANATUS DE ARCUBUS.—R. permissione divina Cantuariensis archiepiscopus tocius Anglie primas dilecto filio magistro Henrico de Nassington' canonico ecclesie Lincolniensis salutem graciam et benedictionem. Officium decanatus ecclesie Beate Marie de Arcubus London' cum suis juribus et pertinenciis universis et exercicium jurisdictionis ejusdem vicesque nostras super hiis cum cohercionis potestate tibi committimus per presentes. Datum apud Otteford tercio kal. Junii anno domini mᵒ ccᵒ nonagesimo quinto et consecracionis nostre primo.

EXECUCIO AD EXCOMMUNICANDUM CERTOS MALEFACTORES ET AD INQUIRENDUM DE NOMINIBUS EORUM ET AD CITANDUM.

Form of a Commission to excommunicate evil-doers, and to cite them to appear before the Archbishop (cf. pp. 16-18 above).

[Fo. 171.]

[*Undated. Letter to the bishops of the province on behalf of the executors of Bogo de Clare.*]

MONICIO PRO TESTIMONIO DOMINI BOGONIS DE CLARE.—R. permissione divina et cetera dilectis filiis officialibus episcoporum et electorum nostre provincie quibuscumque salutem graciam et benedictionem. Dilecti filii Persevalis de Ast executor testamenti domini Bogonis de Clare quod coram officiali Cantuariensi sede vacante probatum et approbatum extiterat et Thomas rector ecclesie de Estwik' Londoniensis diocesis dicto executori per nos

in administracione testamenti hujusmodi associatus, nobis in-
sinuare curarunt quod quidem malivoli bonorum testamenti predicti detentores illiciti et aliqui debitores ipsius defuncti id per
maliciam occultantes impediunt quominus execucio testamenti predicti effectum debitum sortiatur. Nonnulli eciam per peticiones
injustas dictos administratores ut dicitur debite fatigare proponunt
de quibus iidem administratores oportuno remedio sibi postulant
provideri. Ipsorum igitur super hoc justis precibus annuentes
vobis committimus et firmiter injungimus et mandamus quatinus
quilibet vestrum in ecclesiis jurisdictioni sibi commisse subjectis
diebus solempnibus, de quibus dictorum administratorum nomine
congrue requisitus extiterit, faciat in genere cum consueta solempnitate moneri omnes dictorum bonorum quomodolibet detentores
ut infra certum tempus per vos super hoc moderandum prefatis
administratoribus de bonis eisdem satisfaciant competenter;
facientes eciam in denunciacione eadem publice inhiberi ne quis
per detencionem bonorum ipsorum aut modis aliis quibuscumque
predictam execucionem impediant vel impediri procurent sub pena
excommunicacionis majoris, quam in non parentes monicionibus
aut inhibicionibus antedictis per quemlibet vestrum in jurisdictione
sibi commissa mandamus et volumus fulminari. De detentoribus
eciam bonorum ipsorum et impedientibus predictam execucionem
ut supra quilibet vestrum in sua jurisdictione diligenter inquirens
de modo execucionis omnium premissorum et dictorum detentorum
ac impediencium ut supra nominibus nos absque more dispendio
unusquisque vestrum de suo facto certificet sine mora per suas
patentes litteras harum seriem continentes.

[*Undated. Dispensation for John de Echingham to receive a benefice while under
age.*]

DISPENSAT CUM MINORI QUOD POSSIT RECIPERE BENEFI-
CIUM ECCLESIASTICUM DEFECTU ETATIS AUT ORDINUM NON
OBSTANTIBUS.—R. permissione divina Cantuariensis archiepiscopus
tocius Anglie primas dilecto in Christo filio Johanni de Echingham
quondam Willelmi de Echyngham militis defuncti Cycestrensis
diocesis salutem graciam et benedictionem. Ad peticionem quam
zelo promocionis clericorum provincie nostre conceptam summo
pontifici duximus exponendam, ut nobis est ab apostolica sede
graciose concessum, ut cum minoribus generosis clericali titulo
insignitis qui de bonis propriis commode nequeunt sustentari pos-
simus de recipiendis ecclesiasticis beneficiis curam etiam animarum

habentibus et retencione licita eorundem usque ad certum personarum numerum constitucione contraria et defectu etatis aut ordinum non obstantibus dispensare, tuam igitur generositatem et quod titulum optinens clericalem in etate minori existens de bonis propriis sustentari non potes tuamque habilitatem ad studium ut didicimus advertentes, quod beneficium ecclesiasticum eciam si curam habeat animarum libere recipere ac eciam licite retinere valeas si tibi canonice offeratur, constitucione contraria et defectu etatis et ordinum non obstantibus, auctoritate apostolica nobis in hac parte concessa tibi graciose concedimus, et tecum super hoc tenore presencium dispensamus ; proviso tamen quod beneficium curam habens animarum quod post dispensacionem presentem te optinere contigerit debitis interim non fraudetur obsequiis [Fo. 171ᵛ·] et animarum cura in eadem minime negligatur.   Volumus autem ut ad privilegium originale predictum, quod in archivis nostris residere decrevimus, tam tu quam ceteri similem graciam optinentes habere possitis et possint in quacumque necessitate seu oportunitate recursum.   In testimonium vero premissorum has litteras patentes tibi concedimus sigilli nostri munimine roboratas.   Datum apud Otteford'.

———

[*May 27th, 1295.   Gift by the Archbishop of a prebend in the cathedral church of Llandaff.*]

HIC CONFERT PREBENDAM AUCTORITATE APOSTOLICA.[1]—R. permissione divina et cetera dilecto filio magistro Simoni de Mepham salutem graciam et benedictionem.   Cum nobis sit ab apostolica sede graciose concessa potestas faciendi recipi in singulis ecclesiis nostre provincie cathedralibus et collegiatis singulos clericos in canonicos et in fratres et providendi eorum cuilibet de prebenda, si vacet vel quamcito vacaverit, dummodo ex hoc juri alii in eisdem ecclesiis competenti nullum prejudicium generetur, volentes hujusmodi concessionis optentu tuam honorare personam, canonicatum in Landavensi ecclesia et prebendam de N. in ea per mortem magistri Philippi de Stanton' nuper canonici et prebendarii prebende predicte vacantem cum plenitudine juris canonici in dicta ecclesia Landavensi et omnibus ad canoniam et prebendam ipsam spectantibus tibi auctoritate premissa conferimus per presentes. In cujus rei testimonium has litteras tibi patentes concedimus sigilli nostri munimine roboratas.   Datum apud Otteford vi kal. Junii anno domini m° cc° nonagesimo quinto.

---

[1] Hand in margin.

[*Undated. Letter from John, Archbishop of York, to the chancellor and university of Oxford promising to execute their sentences on certain evildoers.*]

LITTERA AD UNIVERSITATEM OXON'.—Johannes permissione divina Eboracensis archiepiscopus Anglie primas dilectis sibi in Christo cancellario ac universitati magistrorum Scholarium Oxon' Lincolniensis diocesis salutem cum benedictione et gracia salvatoris. Recolentes memoriter ac sincero[1] animo recensentes[2] quod quasi a primis cunabulis scholastici studii ubera apud vos scivimus in continuacione diutina donec ad majorem solicitudinem divina providencia nos vocaret ea que tranquillitatis vestre conveniunt commodo eo tenemur et volumus affectione prosequi proniori quo abolim sic fuimus unus vestrum ; sane cum intellexerimus quod nonnulli dampnabilis perdicionis filii sue salutis immemores deum pre oculis non habentes cum propter delicta in universitate Oxon' perpetrata suspensionis vel excommunicacionis sentenciis per . . cancellarium universitatis ejusdem vel judices inferiores deputatos ab eo vel per ipsum cancellarium una cum tota universitate quandoque solorum[2] regencium quandoque regencium et non regencium fuerint innodati, a. vobis et a jurisdictione vestra recedunt claves ecclesie temere contempnendo, ut dicte sentencie robur firmitatis optineant quociens nos officialis aut ministri nostri alii super hoc a vobis legitime fuerimus requisiti quod per nos aut eorum aliquos vel aliquem execucioni in nostra demandentur diocesi, vobis tenore presencium favorabiliter indulgemus.   In cujus rei testimonium et cetera.   Datum et cetera.

[*August 20th, 1295.   Grant to a rector of leave of absence for a year.*]

CONCEDIT QUOD POSSIT ABESSE AB ECCLESIA SUA PER ANNUM.—R. permissione divina Cantuariensis archiepiscopus tocius Anglie primas dilecto filio Radulpho de Mazo rectori ecclesie de Moletone Northwycensis diocesis ad nostram immediatam jurisdictionem spectantis salutem graciam et benedictionem. Ad preces et instanciam venerabilis patris domini B. dei gracia Albanensis episcopi sacrosancte Romane ecclesie cardinalis ut per annum integrum a festo natalis domini sequente proximo computandum ab ecclesia tua predicta abesse libere valeas ita quod interim residere in eadem minime tenearis, tibi graciose concedimus, proviso quod ecclesia ipsa debitis interim non fraudetur obsequiis et animarum cura in eadem nullatenus negliga-

---

[1] MS. scincero.   [2] MS. rescencentes.   [2] MS. selorum.

tur. Datum apud Limmyngg' xiii kal. Septembris anno domini m° cc° nonagesimo quinto.

[Fo. 172.]

[Undated. Letters of invitation to be present at the Archbishop's enthronement. To the bishops.]

LITTERE FACTE AD INTRONISACIONEM. AD EPISCOPOS.— Venerabili in Christo fratri domino N. dei gracia tali episcopo R. permissione divina et cetera cum fraterne dilectionis augmento salutem. Quia die dominica proxima post instans festum sancti Michaelis in nostra Cantuariensi ecclesia juxta laudabilem ipsius consuetudinem favente altissimo intronizari proponimus, fraternitatem vestram affectuose rogamus quatinus evitabili excusacione quacumque cessante dictis die et loco tam in solempnitate servicii quam in mensa vestram exhibere velitis presenciam personalem, ut exinde patenter appareat ad nos nostramque ecclesiam vestre devocionis affectus et fraterne dilectio caritatis. Valete semper in Christo.

[To the exempt abbots.]

AD ABBATES EXEMPTOS.—Magne religionis ac discrecionis viro . . dei gracia abbati Westmonasterii R. permissione divina et cetera cum intime dilectionis affectu salutem benedictionem et graciam salvatoris. Quia die dominica[1] . . . . . proponimus amicitiam vestram affectuose rogamus[1] . . . . tam ad nos quam nostram ecclesiam vestra declaretur affectio et vobis uberius ad grates super hoc referendas vestraque in ceteris beneplacita teneamur. Valete semper in Christo.

[To earls and barons.]

[AD] COMITES ET BARONES.—Nobili viro et amico si placet ac filio in Christo karissimo tali comiti ve tali baroni R. permissione divina et cetera cum intima dilectione salutem benedictionem et graciam salvatoris. Quia[1] . . . . . proponimus affectuosis precibus vos rogamus quatinus[1] . . . . personalem ut exinde nostra pocius honoretur ecclesia et ad tam nobilem matrem vestram patenter appareat devocio debita filialis. Valete semper in Christo.

---

[1] As above.

[*To abbots, priors, knights, deans or archdeacons, and others not exempt.*]

AD ABBATES PRIORES MILITES DECANOS VEL ARCHIDIA-
CONOS ET CETEROS NON EXEMPTOS.—R. permissione divina et
cetera dilecto in Christo filio tali abbati vel priori vel militi vel
decano vel archidiacono et cetera salutem graciam et benedictionem. Quia[1] . . . . proponimus vos affectuose
rogamus quatinus[1] . . . . personalem ut exinde patenter
appareat ad nos nostramque ecclesiam vestre dilectionis affectus et
ad tam nobilem matrem vestram devocio debita filialis.   Valete
semper in Christo.

[*Undated.   Commission to the Archbishop's commissary to excommunicate certain
pirates and their supporters.*]

LITTERA DATA PRIORI ET CONVENTUI DOUOR'.—R. et
cetera magistro Martino commissario nostro Cantuariensi salutem
et cetera.   Quia de infortuniis dispendiis et ruinis que nuper
in villa Douor' et ejus vicinio nostris indigenis per piraticos
ac invasores maritimos contigerunt et de dampnis precipue datis
monasteriis ecclesiis ac ceteris piis locis viscerali compassione
dolemus, remedia que super hiis excogitare poterimus apponere
          cupientes tibi committimus et mandamus quatinus
[Fo. 172ᵛ·] in nostra Cantuariensi | ecclesia et in omnibus ac
singulis monasteriis ecclesiis per totam Cantuariensem
civitatem et diocesim constitutis jurisdictioni nostre subjectis per tres dies dominicos aliosque tres dies festivos
proximos post recepcionem presencium intra missarum solempnia necnon quibuscumque diebus et in locis diocesis antedicte ubi in predicacionibus vel modis aliis populum adunari contigerit, omnes malefactores predictos et eisdem prestantes presidium aut favorem tanquam sacrilegos pacisque domini regis
Anglie et regni ejusdem jurium ac eciam libertatum et immunitatis
ecclesie perturbatores ac violatores notorios pulsatis campanis et
candelis accensis in monasteriis ac ecclesiis antedictis denunciari
facias, publice et intra missarum solempnia coram clero et populo
majoris excommunicacionis sentencia innodatos ; in eisdem eciam
denunciacionibus moneri facias publice et lingua materna patenter
exponi quod omnes illi qui ornamenta vasa libros vestimenta
ecclesiastica seu sigilla cartas aut instrumenta vel munimenta que-
cumque ad ecclesiam nostram ad prioratum[2] Douor' vel alia monas-
teria ecclesias seu loca religiosa aut personas earum supradicte

---

[1] As above.   [2] MS. prioratus.

nostre civitatis aut diocesis qualitercumque spectancia vel eciam
quomodolibet profutura per se vel alios detinent aut faciunt detineri
ea seu eciam detinebunt aut detineri facient in futurum, ea omnia
nobis infra tempus breve per te congrue statuendum eisdem tibi
plene integre et absque diminucione corrupcione detentacione seu
occultacione sine mora restituant seu restitui faciant aut procurent,
quodque omnes illi qui res aut bona hujusmodi vel eorum aliquod
sciunt aut in posterum sciverint ab aliquibus seu ab aliquo quocumque modo possessa seu eciam occupata, personas et nomina
possessorum ipsorum seu occupancium infra octo dies postquam id
sciverant, tibi detegant et revelent sub pena excommunicacionis
majoris quam non restituentes possessa seu sic detenta et
scienter celantes seu occultantes eosdem post dictas moniciones
incurrere volumus ipso facto. De nominibus eciam omnibus
res seu bona supradicta vel eorum aliqua seu aliquod possi-
dentium seu occupancium ut supra vel ad quos bona ipsa seu
eorum aliqua vel aliquod pervenerint hactenus vel pervenit, ac
eciam eorum qui scientes occupatores hujusmodi id post dictas
moniciones celaverint seu tibi non detexerint ut superius est expressum, cum omni industria qua videris expedire celeriter et diligenter inquiras ac eciam investiges cautelis providis super hiis
veritatem.   Et quos de hiis aut eorum aliquo qualitercumque
convictos vel de suspicione notatos inveneris eos omnes et singulos
simul aut diversis vicibus, prout hoc ad tuam noticiam pervenire
contigerit, citari facias peremptorie ac eciam nominatim, quod diebus
ad tuum arbitrium assignandis eisdem compareant coram nobis
ubicumque tunc in civitate diocesi vel provincia Cantuariensi fuerimus, nobis super obiciendis eisdem ex officio circa premissa personaliter responsuri et de veritate dicenda super hiis juraturi ac
dicturi sub juramento hujusmodi quam circa ea noverint veritatem,
facturi et recepturi ulterius quod canonicum fuerit et consonum
equitati.   Faciasque denunciari eisdem quod nisi monicionibus
          antedictis plene et sine mora paruerint contra eos ut
[Fo. 173.] convenit graviter procedemus.   Et quid feceris in
          premissis | ac eciam de nominibus citatorum hujusmodi
si qui fuerint, nos semel aut pluries prout oportunum extiterit plene
et per omnia et distincte certifices per tuas patentes litteras quarum
prima mandati presentis contineat seriem et tenorem.

[*October 4th, 1295.   Grant to a rector of leave of absence for a year.*]

QUOD POSSIT ABESSE CAUSA STUDENDI.—R. permissione divina Cantuariensis archiepiscopus tocius Anglie primas dilecto in Christo filio Nicholao de Castello rectori ecclesie de Erde Cantuariensis diocesis salutem graciam et benedictionem.   Ut a tempore date presencium per annum continuum ab ecclesia tua predicta possis causa studendi abesse, ita quod interim ad residenciam personalem in eadem ecclesia minime tenearis fructusque ipsius ecclesie ad tempus nichilominus plene recipias liberam tibi tenore presencium concedimus facultatem, proviso quod eadem ecclesia tua debitis interim non fraudetur obsequiis et animarum cura in eadem nullatenus negligatur.   Datum Cant' iiij nonas Octobris anno domini m° cc° nonagesimo quinto et consecracionis nostre secundo.

[*October 31st, 1295.   Monition to the prior and canons of Bilsington.*]

MONICIO AD SATISFACIENDUM DE DECIMIS SUBTRACTIS.
—R. permissione divina Cant' et cetera dilectis filiis priori et canonicis de Bilsingtone salutem graciam et benedictionem.   Quia oblaciones et minutas decimas a vobis ecclesie parochiali de Bilsingtone et rectori ejusdem consuetas et debitas jam de novo ut asseritur indebite subtraxistis, vos monemus inducimus et hortamur quatinus si sit ita de subtractis hujusmodi sine mora satisfacere studeatis ita quod ad nos de vestro defectu seu injuria iterata querela non veniat per quam contra vos procedere gravius compellamur.   Datum apud Aldintone ij kal. Novembris consecracionis nostre anno secundo.

[*Undated.   Grant of a yearly pension of five marks to R. de Watervile until the Archbishop shall provide him with a benefice.*]

R. et cetera dilecto filio Radulpho de Watervile capellano et cetera.   Ad instanciam et rogatum excellentissimi principis domini E. dei gracia regis Anglie illustris pensionem annuam quinque marcarum de camera nostra annis singulis in festo pasche percipiendam quousque tibi de beneficio ecclesiastico per nos provisum extiterit, tibi concedimus per presentes.   In cujus rei testimonium sigillum nostrum presentibus est appensum.   Datum et cetera.

[*October 31st. Commission to hear the purgacion of William, son of Robert de Halstede.*]

ROLWYNDENN'.—R. permissione divina et cetera dilectis filiis magistro Martino commissario nostro Cantuariensi et Willelmo officiali archidiaconi loci ejusdem salutem et cetera. Quia Willelmum filium domini Roberti de Halstede militis super intrusione dudum in ecclesia de Rolvindenn' et continuacione intrusionis ejusdem ac violenta asportacione decimarum ipsius ecclesie nomine dicti Willelmi ut dicitur factis seu procuratis, necnon et de sustentacione intrusorum et malefactorum ipsorum ac illicita communione cum eis excommunicatis et ratificacione intrusionis ejusdem vel saltim quod idem Willelmus sciens intrusionem et ejus continuacionem[1] ac eciam decimarum asportacionem premissas ea cum posset impedire pro suis viribus non curavit, publice diffamatum et violenta presumpcione suspectum invenimus, eidemque Willelmo offerenti se super hiis legitime purgaturum purgacionem hujusmodi cum sex[2] rectoribus et sex vicariis vicinarum ecclesiarum, aut si tot rectores habere non possit loco eorum vicarii cum aliquibus tamen rectoribus assumantur, in ipsa ecclesia de Rolvindenne die veneris proxima post instans festum omnium sanctorum de ipsius Willelmi consensu expresso canonice subeundam et ab eo prestandam indiximus, vobis committimus et mandamus quatinus dicto die veneris ad prefatam ecclesiam de Rolvindenne personaliter accedentes purgacionem predictam per dictos vicarios et rectores viros ydoneos una cum juramento prefati W. prius super hoc de veritate prestando ut juris est admittatis, singulis supradictis excessibus sigillatim tam eidem Willelmo quam omnibus suis compurgatoribus antedictis in inicio purgacionis hujusmodi patenter expressis quod ita prudenter exequi studeatis, ut tam solempnis purgacio infamie maculam deleat ut premittitur in sepedicte ecclesie partibus divulgatam. Quid autem feceritis [Fo. 173ᵛ·] in premissis ac eciam de dictorum compurgatorum | nominibus et forma ac modo citacionis ejusdem nos vestris patentibus litteris et eciam sub sigillis vestris inclusis harum tenorem habentibus certificetis ydonee sine mora. Datum apud Aldintone ij kal. Novembris.

———

HOSPITALE DE MAYDENSTAN.—Decano de Shorham et cetera. Volumus et mandamus ut de fructibus ecclesie de Farleye ad

---

[1] MS. continuacionis.   [2] MS. rex.

hospitale novi operis de Maydestan pertinentis per te nuper ad nostrum mandatum ut recolimus sequestratis, bladum ad seminandum terras loci ejusdem et ad sustentacionem necessariam animalium et familie quo ad id custodi ejusdem ecclesie liberes seu facias sub idoneo testimonio liberari, residuum vero sub dicto sequestro retineas quousque a nobis aliud habueris super hoc in mandatis.   Et quid feceris de premissis ac eciam quid et quantum sic per te liberatum extiterit quantumque residuum in sequestro supradicto quatinus poteris estimare remanserit, nos tuis patentibus litteris ac eciam sub sigillo tuo prudenter inclusis harum tenorem habentibus citra festum sancti Nicholai certifices competenter. Datum apud Aldinton' iiij nonas Novembris consecracionis nostre anno secundo.

PEIFRERRE.

[Undated.   Memorandum concerning the case of Richard Peyfrer and his wife.]

Memorandum quod cum Ricardus Peyfrer de Boklande Cantuariensis diocesis ex citacione legitime sibi facta paruisset in aula prioris ecclesie Christi Cant' in villa de Chertham die Jovis in quindena sancti Michaelis anno domini m° cc° nonagesimo quinto coram nobis R., permissione divina Cantuariensi archiepiscopo tocius Anglie primate in negocio in quo contra eundem Ricardum super diversis excessibus et criminibus tam Johannam uxorem suam super eo quod inhumaniter ipsam tractasse asseritur quam eciam alias mulieres cum quibus adulterium et incestum dicitur commisisse tangentibus, idem Ricardus per nos ab inicio requisitus, an penitencia[m] sibi pro quadam contumacia prius injuncta[m] fecisset respondit quod non.   Unde sibi precepimus in virtute sacramenti de parendo seu stando mandatis ecclesie pro dicta contumacia prestiti ab eodem ut dictam penitenciam faciat cum super fuerit requisitus.   Et cum dicta mulier uxor sua coram nobis in judicio dictis die et loco personaliter constituta petivisset instanciis ut sibi cum patre suo vel in alio loco tuto et idoneo propter viri sui supradicti seviciam constitute, seu eciam ut jus exegit collocande ubi parata extiterat virum suum eundem ad viriles amplexus admittere ut deberet, sumptus ipsius mulieri necessarii ad suam sustentacionem congruam de bonis mariti sui et suis communibus decernerentur, nos peticioni eidem secundum juris exigenciam annuentes decrevimus x libras de bonis hujusmodi annuatim per manus prefati Ricardi ad quatuor anni terminos usuales pro equalibus porcionibus, videlicet quolibet hujusmodi terminorum l.*s.* dicte mulieri pro sua sustentacione et oneribus matrimonii sustinendis in domo

patris sui vel alio loco idoneo fore solvendas et plenarie minis-
trandas tanquam bona matrimonii communia inter eos, ipsumque
Ricardum canonice pre tres vices monuimus ut dictam pecuniam
prefatis terminis ut superius tangitur plene solvat sub pena excommunicacionis majoris, quam extunc in eundem Ricardum pro-
tulimus et ex tunc proferimus in litteris scriptis si in dicta solucione
prefatis terminis vel aliquo eorundem defecerit in futurum.
[Fo. 174.] Cumque idem Ricardus de veritate dicenda juratus et de
predictis sibi impositis examinatus quedam confitendo
simpliciter et aliqua sub modo cetera vero negando judicialiter
respondisset, prout in cedula exinde confecta plenius continetur,
idem Ricardus de singulis per eum ut supra negatis inquisitioni
super hoc faciende specialiter se submisit. Unde decrevimus ut
fiat execucio debita de premissis et dicta inquisicio in forma
canonica cum fuerit oportunum ; quia insuper prefatus Ricardus in
judicio fatebatur se habere penes se robas et cetera ornamenta
uxoris sue predicte, decrevimus ut eadem uxore in hospicio matris
sue vel in alio loco ydoneo remanente predictus Ricardus maritus
suus dictas robas et cetera ornamenta uxoris ejusdem sibi restituat
sine mora et ad eam accessum habeat ut superius est expressum,
dictamque inquisicionem decrevimus debere fieri tempore competenti.

[Undated. Further memorandum about the same case.]

Peyfrerre. Declaracio decreti interpositi super
expensis a viro sue uxori prestandis.—Memorandum quod
cum in negocio in quo contra Ricardum Peyfrere de Boklonde
super diversis criminibus et excessibus ac precipue super eo quod
Johannam uxorem suam inhumaniter ut dicebatur tractavit ex
nostro procedebatur officio, eidem mulieri pro sua sustentacione et
oneribus matrimonii sustentandis decem libras annuas de bonis
eorundem Ricardi et Johanne communibus per manus ipsius viri
ad quatuor terminos usuales fore solvendas decreverimus prout in
actis super hoc habitis plenius continetur, et nonnulli ut didicimus
decretum nostrum taliter interpretari conantur quod dictus
Ricardus ad suam uxorem prefatam accedens in loco in quo juxta
nostrum decretum mulier ipsa propter mariti sui seviciam debeat
commorari et cum ipsa muliere moram faciens, prefatam pecuniam
expendere valeat sic morando et sic posset vir idem uxorem suam
prefatam omni comodo pecunie defraudare, ad sinistram igitur inter-

pretacionem hujusmodi penitus excludendam nostrum decretum predictum taliter declaramus quod mulier predicta predictas decem libras precipuas ad suam propriam et suorum sustentacionem optineat, dictusque vir si ad eam ut prenotatur accesserit vel sic moram traxerit cum eadem nichil de decem libris ea racione minuat vel expendat, sed idem vir veniendo taliter et morando suis propriis sumptibus sic veniat et moretur, et nichilominus dictas decem libras eidem mulieri ad sui et suorum sustentacionem ut supra plenarie et sine diminucione persolvat in terminis per nos ad solucionem hujusmodi constitutis sub pena per nos statuta super hoc si non fecerit contra eum, et hec omnia dictis Ricardo et Johanne ac aliis quorum interest tenore presencium intimamus ac eciam expresse precipimus intimari.   In testimonio vero premissorum nos Robertus permissione et cetera sigillum nostrum presentibus duximus apponendum.   Datum apud Chertham et cetera consecracionis nostre secundo.

[*November 10th, 1295.   Commission to execute a sentence.*]

UT OFFICIALIS EXEQUATUR SENTENCIAM.—R. et cetera dilecto filio officiali nostro seu cuicumque suo commissario curie nostre in consistorio de Arcubus London' presidenti salutem et cetera.   Quia per instrumentum publicum nobis exhibitum constare videtur Johannem de sancto Laudo qui ecclesiam de Mellebur' Sarensis diocesis ut dicitur possedit omni juri et possessioni ipsius ecclesie sibi competenti et competituro, appellacionibus eciam per eum interpositis a diffinitiva sentencia qua ipsum Johannem pro Waltero de Blaneford capellano auctoritate curie Cantuariensis prolata et aliis necnon litteris impetratis et impetrandis litibus motis et movendis pure sponte et absolute renunci | asse, [Fo. 174ᵛ·] vobis committimus et mandamus quatinus viso instrumento eodem et ceteris que ad premissa pertinent diligenter attentis sentenciam antedictam, prout eam rite videritis esse latam, cessante impedimento legitimo exequamini cum effectu facientes ulterius super hiis quod incumbit.   Datum apud Croydone iiijᵗᵒ idus Novembris consecracionis nostre anno secundo.

[*Nov. 10th, 1295. Mandate to the official of the bishop of London to inquire into a reported case of adultery.*]

MANDAT UT INQUIRAT ET CETERA.—Officiali London' et cetera. Quia Johannes Marescallus de Walebrok' civis London-iensis uxoratus duas mulieres videlicet Olivam filiam Thome de Lundeneston et Elenam la Callestere de Walebrok', quarum prima filium ipsius Johannis de sacro fonte levavit, in adulterinis amplexi-bus ut dicitur diucius publice tenuit et adhuc tenere presumit, de quo si sit ita vestra negligencia est merito arguenda, vobis injungi-mus et mandamus quatinus veritatem super hoc celeriter inquirentes manus ad hoc correctivas apponere nullatenus differatis in tantum ut vestri officii sollicitudo per nos taliter excitata vestraque super hoc diligencia merito commendetur. Datum ut supra.

[*November 11th, 1295. Letter from the Archbishop to William de Halstede declaring him innocent of the charges brought against him.*]

HIC DECLARAT IMMUNEM.—R. dilecto filio Willelmo de Hal-stede et cetera. Quia tu super intrusione in ecclesia de Rolvindenne per quosdem malivolos dudum facta et continuacione seu sustenta-cione intrusionis ejusdem ac asportacione violenta decimarum ipsius ecclesie et communione illicita cum dictis malefactoribus excommunicatis seu ratificacione ipsorum processuum tuo nomine ut dicebatur factorum publice diffamatus, sufficienter ac legitime te purgasti, prout per litteras certificatorias commissariorum nos-trorum ad purgacionem hujusmodi recipiendam specialiter deputa-torum nobis extitit facta fides, te super excessibus antedictis declaramus inmunem tueque pristine bone fame quo ad id resti-tuimus seu reducimus per decretum. In cujus et cetera. Datum apud Croydon' iij° id. Novembris consecracionis et cetera.

[*November 11th, 1295. Commission to the dean of Charing to cite Stephen of Chertsey to appear before the archbishop.*]

CITACIO CONTRA S. DE CERTESEYA. R.—R. decano de Cherringg' et cetera. Quia Johannes de Lenham miles ad cujus presentacionem Stephanus de Certeseye clericus ad ecclesiam de Rolvindenne vacantem per nos admissus et ut rector in eadem ecclesia institutus exstiterat, in curia regis ad quem cognicio juris patronatus in Anglia de consuetudine pertinet per eundem dominum regem super patronatu dicte ecclesia judicialiter inpetitus, in eodem judicio recognovit et expresse consensit jus patronatus

hujusmodi ea vice sed[1] ad dominum regem spectare, propter quod
contra eundem Johannem in curia ipsa super hoc prolata sentencia
nobis ab ipso domino rege ut moris est mandabatur ut personam
ydoneam per eundem dominum regem nobis[2] ad prefatam ecclesiam presentatam admitteremus, cujus pretextu prefatus Stephanus
a dicta ecclesia est juxta regni consuetudinem et legem amovendus,
precipue cum jam ut premittitur judicialiter sit decretum[3] quod
idem S. per falsum et confictum patronum, qui eciam in possessione
hujusmodi juris patronatus non extitit, sic fuerat presentatus et
indebite per errorem admissus, tibi committimus et mandamus
quatinus predictum S. si in tuo decanatu personaliter inveniatur,
alioquin suum procuratorem si quem in eodem dimiserit, peremptorie cites vel facias citari, et nichilominus presentis citacionis
edictum in eadem ecclesia de Rolvindenne solempniter publicari,
quod compareat coram nobis in crastino Sancte Katerine virginis
ubicumque tunc in civitate diocesi seu provincia Cantuariensi
fuerimus, precise et peremptorie propositurus ac eciam ostensurus
quare non debeat a sepedicta ecclesia penitus amoveri, ad quod per
viam notorii prout jus exigit procedemus ipsius Stephani
[Fo. 175.] absencia seu reclamacione | indebita[4] non obstante ; et ut
idem Stephanus plenius instruatur mandati presentis
copiam sibi offeras cum effectu.   Quid autem feceris in premissis
nos dictis die et loco certifices per tuas patentes litteras harum
seriem continentes.   Datum ut supra.

[*November 11th, 1295. Commission to the Archbishop's official to cite Stephen of
Chertsey to appear before the Archbishop.*]

ALIA CITACIO CONTRA DICTUM S.—R. dilecto filio officiali
nostro Cantuariensi et cetera.   Quia Johannes de Lenham miles
ut supra, vobis committimus et mandamus quatinus predictum
Stephanum in civitate Londonie aut in archidiaconatu Surreye ut
dicitur commorantem peremptorie cites,[5] propositurus et eciam
ostensurus quare non debeat a sepedicta ecclesia penitus amoveri,
ad quod per viam notorii prout jus exigit procedemus ipsiusque
Stephani absencia seu reclamacione indebita non obstante, et ut
Stephanus plenius instruatur mandati presentis copiam sibi faciatis
offerri.   Quid autem feceritis et cetera.

---

[1] *Sic* MS., apparently the words non ad se are omitted before sed.
[2] MS. vobis.   [3] MS. decrectum.   [4] MS. repeats indebita.
[5] Either the words et cetera or several lines have been omitted between cites
and propositurus.

E

[*November 11th, 1295. Commission to the dean of Charing to proclaim William de Halstede innocent of the charges brought against him, and to hold an inquiry as to whether the interdict on the church of Rolvenden can be removed.*]

HIC MANDAT QUOD DENUNCIET . . . LEGITIME SE PURGASSE.—Decano de Cherringg' et cetera. Quia Willelmus filius domini Roberti de Halstede militis super intrusione per ecclesiam[1] potenciam in ecclesiam de Rolvindenne dudum factam seu procuracione ac sustentacione intrusionis ejusdem ac violenta asportacione decimarum ipsius ecclesie ac communione illicita cum eisdem intrusoribus et malefactoribus ceterisque excessibus ibidem commissis publice diffamatus et ut dicebatur violenta presumpcione suspectus, super hiis omnibus et singulis per novem rectores et tres vicarios ecclesie de Rolvindenne supradicte vicinos in ecclesia eadem coram magistris Martino commissario nostro Cantuariensi et Willelmo officiali archidiaconi Cantuariensis nostris specialibus commissariis in hac parte se[2] publice ac legitime se purgavit, prout per commissariorum ipsorum litteras certificatorias nobis extitit facta fides, cujus pretextu ipsum Willelmum deleta supradicta infamia super excessibus antedictis pronunciabamus inmunem et suam pristinam famam restituimus per decretum, tibi committimus et mandamus quatinus tam in ecclesia de Rolvindenne antedicta quam eciam in singulis vicinis tui decanatus ecclesiis de quibus congrue requisitus extiteris aut videris expedire, temporibus oportunis denunciari publice facias predictum Willelmum ut superius tangitur legitime se purgasse, et ad famam pristinam ut supra reductum ac eciam super eisdem excessibus innocentem. Quia insuper a nobis instancius petitur ut interdictum in prefata ecclesia de Rolvindenne interpositum relaxemus, diligenter inquiras an ipsa ecclesia fuisset vel sit durante intrusione supradicta polluta, ut reconciliacione indigeat vel violencia adhuc continuetur in ea, an quicquam aliud quod sciatur obsistat quare interdictum hujusmodi non debeat relaxari. Quid autem feceris in premissis nos tuis patentibus litteris harum tenorem habentibus plene certifices cum per dictum Willelmum aut ejus nomine oportune fueris requisitus. Datum ut supra.

---

[1] *Sic* MS.   [2] *Sic* MS.

[*Nov. 12th, 1295. Commission to the Archbishop's official and to the dean of the Arches to inquire into the case of the excommunication of Master Richard Griffin.*]

HIC MANDAT QUOD IMPONAT FINEM DEBITUM TALI NEGOCIO.—R. permissione divina Cantuariensis archiepiscopus tocius Anglie primas dilectis filiis . . officiali nostro et decano ecclesie beate Marie de Arcubus Londonie suo commissario in consistorio de Arcubus generali salutem graciam et benedictionem. Quia magister Ricardus Griffin dudum ut dicitur per Cantuariensis curie presidentem ad instanciam Johannis vicarii de Bere majoris excommunicacionis sentencia innodatus, ac eciam ad nostrum mandatum nuper citatus ut causam legittimam si quam haberet proponeret quare pro ipsius capcione ut moris est rescribi majestati [Fo. 175ᵛ·] regie non deberet, per Henricum de Teynton' | suum procuratorem coram nobis comparens quasdam raciones seu excepciones per procuratorem eundem proposuit que melius et commodius in consistorio supradicto quam alibi discuti poterunt et decidi. Unde ad vos ipsum negocium remittentes prefiximus procuratori predicto secundum diem juridicum post festum Katerine[1] virginis in ecclesia de Arcubus supradicta ad faciendum et recipiendum super hiis quod est justum. Quocirca vobis et utrique vestrum divisim committimus et mandamus quatinus visis excepcionibus antedictis seu racionibus, quas vobis inclusas sub sigillo nostro transmittimus, et ceteris queque negocium prenotatum contingunt, eidem negocio finem debitum imponatis[2] seu unus vestrum inponat,[2] eoque ut convenit expedito nos super hiis certificetis seu certificet unus vestrum per vestras suas ve patentes litteras harum seriem continentes. Datum apud Croyndon' ij id. Novembris.

[*Undated. Admission by the Archbishop of Master John de Mora as Warden of Merton College, Oxford.*]

HIC SCRIBIT SCOLARIBUS DOMUS DE MERTONE, OXON'.—Robertus permissione et cetera dilectis in Christo filiis fratribus et scolaribus domus scolarium de Mertone in Oxonia salutem graciam et benedictionem. Laudabilis vestre congregacionis cenobio per mortem magistri Ricardi de Werplesdone, nuper domus vestre supradicte custodis, consueti regiminis destituto presidio, tres viros idoneos videlicet magistros Robertum de Leham, Johannem de Mora et Robertum de Ripplingham ad domus vestre supradicte custodiam juxta formam fundacionis domus ejusdem per vos

---

[1] Sancte omitted in MS.   [2] *Sic* MS.

sagaciter ac prudenter electos, nobis ut domus memorate patrono[1]
per magistros Robertum de Scarle et Bartholomeum de Couele
socios domus vestre ac eciam procuratores speciales super hoc
presentastis, inspectis itaque ac diligenter intuitis tam ipsius pro-
curatorii quam eciam vestri decreti super electione prenotata con-
cepti necnon et fundacionis vestre tenoribus nobis exhibitis, ac
eciam singulis que nos super hiis movere debuerant diligenter
attentis, advertentes quod ad nos pertinet unum de taliter presen-
tatis admittere ad officium memoratum, licet singuli taliter presentati ad idem officium et eciam multo majus certissima consider-
acione sufficiant, magistrum Johannem de Mora unum de taliter
nominatis, licet super hoc renitentem et se multipliciter excusantem,
ad idem officium approbamus acceptamus admittimus et in cus-
todem domus vestre supradicte preficimus per presentes, in cujus
rei testimonium sigillum nostrum presentibus est appensum.
Datum et cetera.

[*Undated. Admission and institution of William de Halstede to the rectory of
Rolvenden.*]

ADMISSIO AD ECCLESIAM ET INSTITUCIO. R.—R. et cetera
dilecto filio Willelmo de Halsted clerico salutem et cetera. Ad
ecclesiam de Rolvindenne nostre diocesis vacantem, ad quam per
dominum E[dwardum] dei gracia regem Anglie illustrem, ipsius
ecclesie ut dicitur racione custodie terre et heredis Johannis de
Sandwico defuncti patronum, presentatus existis, te ad presentacionem ipsam admittimus et rectorem instituimus in eadem. In
cujus rei testimonium.

[*Nov. 23rd, 1295. Commission to the Bishop of London's official to lay an interdict on all places subject to his jurisdiction at which the Archbishop of York
has stayed, and to inhibit all from receiving benediction from him while he
carries his cross erect.*]

DE ARCHIEPISCOPO EBOR'.—R. permissione divina Cantuariensis archiepiscopus tocius Anglie primas . . dilecto filio officiali
London' salutem graciam et benedictionem. Quia dominus archiepiscopus Eboracensis per nostram nuper incedens provinciam et
adhuc in eadem ut dicitur moram trahens, crucem suam incedendo
taliter et morando coram se publice in ecclesie nostre Cantuariensis
nostrique juris prejudicium patenter erigere et deferre seu deferri
facere ut asseritur injuriose presumit, ipsamque injuriam continuare
proponit in posterum ut timetur, nostreque supradicte provincie
populares, quibus jamdudum solempniter et frequenter inhibitum

---

[1] In margin : Nota quod archiepiscopus est patronus.

extitit tam nostra quam nostrorum predecessorum auctoritate, ne
dicti archiepiscopi taliter incedentis se benedictionibus inclinarent
aut sibi super hoc quoquo modo faverent, non obstante |
[Fo. 176.] inhibicione hujusmodi contrarium facere presumpserunt,
vobis committimus et mandamus quatinus omnia loca
jurisdictioni vobis commisse mediate vel immediate subjecta, per
que dictus archiepiscopus taliter incedendo transierit aut moram
interim fecerit in eisdem hujusmodi transitu et incessu ac mora
durantibus, faciatis ecclesiastico interdicto supponi et interdicta
interim remanere, facientes eciam in ecclesiis et locis solempnibus
quibuscunque predictis ac aliis oportunis coram clero et populo
post recepcionem presencium protinus sine mora temporibus magis
congruis premissa omnia publicari ac publice inhiberi sub pena
excommunicacionis majoris, ne quis se ad dicti archiepiscopi taliter
incedentis benedictionem inclinet aut reverenciam sibi exhibeat
specialem, seu eciam in delacione crucis hujusmodi consilium aut
opem exhibeat aut favorem, contravenientes quoscumque de
quorum nominibus faciatis diligenter inquiri cohercione canonica
compescendo. Et ne presens mandatum sepius iterari oporteat,
vobis injungimus firmiter in virtute obediencie qua ecclesie nostre
supradicte tenemini quatinus omnia supradicta toto tempore vestri
regiminis diligencius observetis et faciatis in posterum firmiter
observari. Diem vero recepcionis presencium et formam execucionis omnium premissorum ac eciam de nominibus rebellium in
hac parte, si vobis de eisdem constiterit, quibuscumque temporibus
oportunis nobis rescribere non tardetis per vestras patentes litteras
harum seriem continentes. Datum apud Mortelak' ix kal. Decembris consecracionis nostre anno secundo.

[*December 5th, 1295. Grant of letters dimissory to Robert de Bardelby.*]

LITTERE DIMISSORIE.—R. et cetera dilecto filio Roberto de
Bardelby subdiacono rectori ecclesie de Sandhurst nostre diocesis
illustris regis Anglie clerico salutem graciam et benedictionem.
Tuas occupaciones arduas quibus ad utilitatem publicam in ipsius
domini regis obsequio prout asseris continue detineris plenius
advertentes, ut a quocumque episcopo nostre provincie Cantuariensis ab unitate ecclesie non preciso ad subscripta potestatem
habente omnes sacros ordines a te primitus non susceptos oportune
suscipere valeas, non obstante quod in nostra diocesi ut premittitur
beneficiatus existis, liberam tibi concedimus facultatem. In cujus
rei testimonium has litteras patentes tibi concedimus sigilli nostri

munimine roboratas.　Datum apud Lamheth' non. Decembris anno domini m° cc° nonagesimo quinto et consecracionis nostre secundo.

[December 7th, 1295. Commission to the dean of Shoreham to inquire into the presentation of Thomas de Capella to the church of Sevenoaks.]

LITTERE INQUISITORIE.—R. permissione et cetera decano de Shorham salutem et cetera.　Quia Thomas de Capella clericus ad ecclesiam de Sevenokes tanquam ad vacantem per dominum regem Anglie illustrem pretextu archiepiscopatus Cantuariensis nuper vacantis et in ipsius domini regis manibus existentis extitit presentatus, et adhuc presentacionem eandem idem Thomas prosequitur coram nobis, tibi committimus et mandamus quatinus in pleno loci capitulo decanatus predicti per rectores et vicarios ecclesiarum ejusdem diligenter inquiras de jure taliter presentantis et de vacacione ipsius ecclesie de Sevenokes, videlicet an vacet et a quo tempore ac eciam qualiter sic vacavit, et de condicionibus ac ordinibus presentati et an idem presentatus liber legitimus alibi ve beneficiatus existat et an ipsa ecclesia fuisset vel sit litigiosa aut pensionaria cui et in quantum, necnon et de aliis articulis circa presentacionem hujusmodi consuetis, et precipue an ipsa ecclesia post presentacionem predictam vel tempore presentacionis ejusdem et quando ultimo per quem et qualiter extitit occupata seu quoque modo detenta, et quid per inquisicionem predictam inveneris ac de eorum nominibus per quos facta extiterit litteris tuis sub sigillo tuo inclusis una cum eodem sigillo tuo eisdem pendente harum tenorem habentibus nos plene per omnia certifices[1] sine mora. Datum apud Lamheth' vii idus Decembris consecracionis et cetera.

[December 10th, 1295. Commission to the Archbishop's commissary to sequestrate the fruits of several churches.]

HIC MANDAT QUOD SEQUESTRENTUR FRUCTUS ET BONA QUARUNDAM ECCLESIARUM. R.—R., et cetera magistro Martino commissario nostro Cantuariensi et cetera.　Tibi com-
[Fo. 176ᵛ] mittimus et mandamus quatinus omnes fructus | et proventus ac cetera bona ecclesiastica ad rectores ecclesiarum de Lymmingg', Alta Hardres, Magna Moningham, Folkestane, Newynton', Brensete, Bromhull', Snaves, Suttone Vppecherche, Estcherche in Scapeya, Frethenestede, Thruleghe et Chileham

---

[1] MS. repeats *certifices.*

nostre diocesis racione ecclesiarum ipsarum spectantes seu spectancia quoquo modo vice et auctoritate nostra ex certis et sufficientibus causis que nos movent sine dilacione sequestres seu facias sequestrari et sub arto deteneri sequestro, quousque aliud a nobis super hoc habueris in mandatis, salva tamen sustentacione necessaria rectorum presencium ac ceterorum ministrancium in eisdem ecclesiis et salvis sumptibus necessariis in culturis terrarum et conservacione ac reparacione domorum et rerum ad rectorias ipsas spectancium per te seu alium vice tua de bonis eisdem necessario ministrandis. Et quid feceris in premissis nos tuis patentibus litteris harum tenorem habentibus plene certifices sine mora. Datum apud Lamheth' iiij idus Decembris consecracionis nostre anno secundo.

[*Commission to the dean of Shoreham to sequestrate the fruits of the church of Wrotham.*]

Item similis littera exivit pro ecclesia de Wrotham directa decano de Shorham per modum qui sequitur.

[*December 10th, 1295. Commission to the dean of Croydon to sequestrate the fruits of the church of Croydon.*]

SEQUESTRACIO FRUCTUUM ECCLESIE DE CROYNDON'.—R. permissione et cetera dilecto filio decano de Croyndon' salutem graciam et benedictionem. Quia ex certis de causis de novo ad nostram deductis noticiam fructus et proventus ecclesie de Croyndone sequestrari debere decrevimus, tibi committimus et mandamus quatinus fructus et proventus eosdem statim receptis presentibus sine mora sequestres[1] et sub arto deteneri sequestro sicud inde respondere volueris quousque aliud a nobis inde receperis in mandatis, salva rectori ejusdem ecclesie si sit in nostra provincia presens aliisque ministrantibus in eadem ecclesia sustentacione necessaria et salvis sumptibus necessariis in culturis terrarum et conservacione ac reparacione domorum et rerum ad rectoriam ipsam spectancium per te seu alium vice tua de ipsius ecclesie fructibus necessario ministrandis. Et quid super hoc feceris nos indilate certifices per tuas patentes litteras harum seriem continentes. Datum apud Lamhethe iiij° idus Decembris consecracionis nostre anno secundo.

---

[1] An omission in MS., supply seu facias sequestrari as above.

[*Dec. 13th, 1295. Notification of the appointment of Walter de Doubrugg' as the Archbishop's proctor to receive from the merchants of Pistoia bonds for a loan of £3,000 contracted at the papal curia.*]

PRECATORIUM AD RECIPIENDUM A MERCATORIBUS DE PISTORIO QUASDAM LITTERAS IN CURIA ROMANA.—Pateat universis ad quorum noticiam hec scriptura pervenerit quod nos Robertus permissione divina Cantuariensis archiepiscopus tocius Anglie primas facimus ordinamus et constituimus per presentes dilectum clericum nostrum magistrum Walterum de Doubrugg' procuratorem nostrum ad recipiendum nostro nomine a mercatoribus de societate Amanocorum[1] de Pistorio omnes litteras obligatorias a dictis mercatoribus de tribus milibus librarum sterlingorum que ab eisdem mercatoribus in Romana curia recepimus mutuo per nos factas et omnia instrumenta tam papalia quam cetera dictas obligaciones seu contractum mutui antedicti aut eciam aliter statum nostrum aut nos seu nostram Cantuariensem ecclesiam quocumque modo tangencia, et ad faciendum et ad dandum nostro nomine litteras testimoniales de receptis hujusmodi mercatoribus antedictis, ratum habentes et habituri quicquid[2] idem Walterus nostro aut ecclesie nostre nomine fecerit in premissis, et hec omnia tam dictis mercatoribus quam ceteris omnibus quorum interest vel poterit interesse tenore presencium intimamus, aliis tamen procuratoriis dicto Waltero primitus per nos factis in suo robore duraturis. In testimonium vero premissorum sigillum nostrum presentibus est appensum. Datum apud Lamhethe idus Decembris anno domini m° cc° nonagesimo quinto.

[*December 13th, 1295. Letter to the Bishop of London about the homage due from him for Benchesham.*]

LITTERA . . EPISCOPO LONDON' DIRECTA SUPER HOMAGIUM FACIENDO.—R. et cetera venerabili fratri domino R. dei gracia Londoniensi episcopo salutem et fraterne dilectionis amplexum. De negocio vestro de Benchesham hiis diligenter inspectis que dominus Stephanus frater vester nobis exhibuit in tribus dubiis residemus, videlicet de homagio vestro predecessori nostro prout pretenditis dudum facto de quo non liquet, et de processu placiti inter nostrum predecessorem et vos super hoc habiti, ac eciam precipue de fine super eodem levato, super quo opinio domini Radulphi de Henggham nobis per fratrem vestrum ut

---

[1] *Sic* for Amanatorum, cf. Calendar of Close Rolls, 1288-1296, pp. 48, 248.
[2] MS. quicquit.

prenotatur exhibita fundari videtur.   Unde nos ad | ves-
[Fo. 177.] trum beneplacitum super hiis informati faciemus in
omnibus cum gracia et favore quicquid poterimus salvo
jure nostro et ecclesie nostre ad vestrum comodum et honorem et
hoc accelerari quam cicius affectamus.   Valete semper in Christo.
Datum apud Lamhethe idus Decembris consecracionis nostre
anno secundo.

_____

[*December 20th, 1295.   Licence to the nuns of St. Sepulchre's, Canterbury, to elect
a prioress.*]

LICENCIA CONCESSA AD ELIGENDUM.—R. permissione et
cetera dilectis in Christo filiabus monialibus ecclesie Sancti
Sepulchri Cantuariensis salutem graciam et benedictionem.   Peticioni vestre de concedenda vobis licencia eligendi vestre domui
supradicte, gubernatricis ut asseritis destitute solacio, priorissam
nobis per vestras consorores ad id specialiter destinatas nuper
exposite favorabiliter annuentes, personam idoneam in priorissam
ut premittitur eligendi tenore presencium liberam vobis concedimus
facultatem.   In cujus rei testimonium has litteras congregacioni
vestre patentes concedimus sigilli nostri munimine roboratas.
Datum apud Bocton' xiij° kal. Januarii consecracionis nostre anno
secundo.

_____

[*Dec. 20th, 1295.   Mandate to the clergy of the province of Canterbury to show
favour to the collectors of alms for the leper hospital of St. Bartholomew,
Playden outside Rye.*]

PRO LEPROSIS HOSPITALIS BEATI BARTHOLOMEI DE RYA. R.—
R. permissione et cetera dilectis in Christo filiis archidiaconis, officialibus, decanis, rectoribus, vicariis et capellanis parochialibus per
Cantuariensem provinciam constitutis salutem in domino sempiternam. Monemus vos et hortamur in domino vobis in remissionem pec-
caminum injungentes quatinus, cum nuncii leprosorum hospitalis
beati Bartholomei de la Rye ad vos accesserint fidelium elemosinas
petituri, negocium eorum hujusmodi parochianis vestris caritatis
intuitu diligenter utiliter ac fideliter exponatis et pro viribus pro-
movere curetis, nullam molestiam aut gravamen aut obstaculum
qualecumque eis super hoc aut aliis eos tangentibus inferentes seu
eciam quatenus ad eos attinet permittentes inferri. Si vero dicti
nuncii seu quicumque alii elemosinas Christi fidelium caritative
dictis leprosis ut premittitur erogatas subtraxerint seu eos beneficiis ipsis fraudaverint, maledictionem dei et nostram se noverint

incursuros, hiis litteris post biennium a tempore confectionis presencium minime valituris.   Datum apud Boctone in vigilia Sancti Thome apostoli anno domini m⁰ cc⁰ nonagesimo quinto consecracionis [nostre anno secundo].

[*Dec. 22nd, 1295.   Commission to William de Staundone to act as official for the diocese of Coventry and Lichfield, during the vacancy of the see.*]

COMMISSIO FACTA MAGISTRO W. DE STANDONE IN DYOCESI COVENTR' ET LICH' SEDE VACANTE.—R. permissione et cetera dilecto filio magistro Willelmo de Standone clerico ac familiari nostro salutem graciam et benedictionem.   Quia Coventrensem et Lichfeldensem diocesim recenter per mortem bone memorie Rogeri loci predicti nuper episcopi vacare cognovimus, cujus diocesis jurisdictio diocesana et exercicium jurisdictionis ejusdem tempore vacacionis hujusmodi ad nos spectat, nos de tua industria et fidelitate confisi officialitatis diocesis supradicte sigillum et ipsum officium, una cum excercicio omnimode jurisdictionis ad dictum officialitatis officium pertinentis tam in negociis quam in causis motis inibi et movendis, tibi dicta vacacione durante quousque aliud super hoc duxerimus ordinandum committimus cum cohercionis canonice potestate.   Instituciones vero ac destituciones et cetera que ad officium officialitatis memorate non pertinent, nobis ex habundanti specialiter reservamus.   Datum apud Burne xi kal. Januarii anno domini m⁰ cc⁰ nonagesimo quinto et consecracionis nostre secundo.

[*Undated.   Mandate to the clergy and laity of the diocese of Coventry and Lichfield to obey William de Staundone acting as official during the vacancy.*]

MANDAT SUPER EODEM.—R. permissione divina et cetera dilectis in Christo filiis priori et conventui Coventrensis ecclesie ac decano et capitulo ecclesie Lichefeldensis, prioribus, capitulis, decanis, collegiis, archidiaconis, rectoribus, vicariis ecclesiarum ac ceteris omnibus tam clericis quam laicis nostre jurisdictioni metropolitane in civitatibus et diocesi Coventrensi ac Lichefeldensi subjectis salutem graciam et benedictionem.   Quia Coventrensi et Lichefeldensi episcopatu per mortem bone [Fo. 177ᵛ·] me | morie Rogeri nuper episcopi loci ejusdem vacante cujus jurisdictio diocesana tempore vacacionis hujusmodi ad nos spectare dinoscitur, dilectum clericum ac familiarem nostrum magistrum Willelmum de Staundone in officialem diocesis antedicte prefecimus, vobis injungimus et mandamus quatinus eidem magistro Willelmo tanquam officiali prefate diocesis in omnibus que ad officium ipsum pertinent intendentes eidem officiali curetis super hiis juxta sanctiones canonicas obedire.   Datum et cetera.

[*Undated.   Mandate to William of Stafford, late official of the diocese of Coventry and Lichfield, to hand over the seal, rolls, registers, and other muniments of the officiality to William de Staundone.*]

SUPER EODEM NEGOCIO PRO PREDICTO MAGISTRO W. DE STAUNDON'.   R.—R. permissione et cetera dilecto filio magistro Willelmo de Stafford nuper officiali Coventrensi et Lichefeldensi salutem graciam et benedictionem.   Quia in instanti vacacione Coventrensis et Lichefeldensis diocesis dilectum clericum et familiarem nostrum magistrum Willelmum de Staundone in officialem diocesis supradicte prefecimus prout ad nos id noscitur pertinere, tibi in virtute obediencie firmiter injungendo mandamus quatinus sigillum officialitatis ejusdem, si ad id habeas facultatem, necnon rotulos et registra ceteraque omnia munimenta ad officium ipsum spectancia dicto magistro Willelmo tradas seu tradi facias sine mora.   Rogamus eciam ut eidem Willelmo, quociens ad te in hiis que ad prefatum officium pertinent in consilium seu presidium postulando recursum habuerit, congruum inpertiri presidium non postponas ipsumque plene quo ad hec instruas in agendis.   Valete. Datum et cetera.

[*Undated.   Mandate to the archdeacon of Derby to hand over the seal, rolls, registers, and other muniments of the officiality to William de Staundone.*]

SUPER EODEM PRO PREDICTO MAGISTRO W.—R. et cetera dilecto filio archidiacono Derbeye salutem et cetera.   Quia et cetera vobis in virtute obediencie firmiter injungendo mandamus quatinus tam sigillum officialitatis predicte quam eciam rotulos et registra ceteraque omnia munimenta ad officium ipsum spectancia penes quemcumque seu quoscumque resideant, prefato Willelmo sine mora restitui faciatis.   Detentores premissorum quoscumque ad id per censuram ecclesiasticam, super quo vobis vices nostras cum cohercionis potestate committimus, efficaciter compescendo.   Valete. Datum et cetera.

[*Undated. Mandate to the prior and convent of Coventry about the same.*]

SUPER EODEM.—R. et cetera dilectis filiis priori et conventui ecclesie Coventrensis salutem et cetera. Quia et cetera vobis injungimus et mandamus quatinus tam sigillum officialitatis predicte quam eciam rotulos et registra necnon et cetera munimenta ad officium ipsum spectancia predicto magistro W. quatenus est vobis possibile sine mora restitui faciatis. Valete. Datum et cetera ut supra.

[*Mandate to the dean and chapter of Lichfield about the same.*]

R. et cetera decano et capitulo ecclesie Lichefeldensis et cetera.

[*Dec. 26th, 1295. Commission to the archdeacon of Canterbury's official to sequestrate the fruits of the church of Sutton, near Dover.*]

QUOD SEQUESTRENTUR FRUCTUS ET PROVENTUS ECCLESIE DE SUTTON' JUXTA DOVOR'.—R. et cetera dilecto filio officiali archidiaconi Cantuariensis salutem et cetera. Viso nuper ad nostrum mandatum statu hospitalis de Maydestane, facta nobis exinde relacione, recepimus quod bona ipsius hospitalis ad usus pauperum juxta formam fundacionis ejusdem expressius deputata dilapidantur et consumuntur in tantum quod hospitalitas ibidem consueta et debita jam fere tota subtrahitur et status ejusdem penitus adnullatur, ipsiusque edificia pro defectu reparacionis eorum ruinam minantur. Quocirca tibi committimus et mandamus quatinus omnes fructus et proventus ecclesie de Suttone juxta Dovoriam hospitali predicto in usus proprios assignate sine mora sequestres, seu facias sequestrari et sub arto detineri sequestro quousque aliud a nobis super hoc habueris in mandatis. Et quid inde feceris quantumque taliter quatenus poteris estimare sequestratum extiterit, nos tuis patentibus litteris harum tenorem habentibus certifices indilate. Datum apud Aldinton' vii kal. Januarii consecracionis nostre secundo.

[*January 16th, 1296. Commission to William de Staundone to appoint a penitenciary for the diocese of Coventry and Lichfield.*]

STAUNDON'. COMMITTIT VICES SUAS AD PREFICIENDUM PENITENCIARIUM IN DIOCESI COVENTR' ET LICH' SEDE VACANTE. —R. et cetera dilecto filio magistro Willelmo de Staundone officiali nostro in diocesi Coventrensi et Lichefeldensi ipsius diocesis sede vacante salutem graciam et benedictionem. Ad preficiendum in eadem diocesi vice nostra penitenciarium | et ad dandum penitenciario sic prefecto nostro

[Fo. 178.

nomine potestatem, [ut] omnium et singulorum ipsius diocesis volencium sibi sua confiteri peccata confessiones audiat et eos a commissis sic absolvat ac taliter confitentibus penitencias salutares injungat in hiis omnibus in quibus nostra poterit jure diocesano vel metropolitico absolvendi potestas, liberam ac plenam tibi concedimus facultatem, et penitenciario sic per te preficiendo ad confessiones taliter audiendum ac taliter confitentes a sic commissis excessibus absolvendum ipsisque confitentibus penitencias salutares ut superius tangitur injungendum ex habundanti committimus vices nostras, ratificantes ex nunc quicquid per eundem penitenciarium vice nostra factum fuerit in premissis. Datum apud Godmersham xvii kal. Februarii anno domini m° cc° nonagesimo quinto et consecracionis nostre secundo.

[*January 8th, 1296.   Letter to Master John Lovel, justice, concerning Thomas de Capella's plea against the Archbishop.*]

MAGISTRO J. LOVEL CONTRA THOMAM DE CAPELLA QUI EUM IMPETIT SUPER ECCLESIA DE SEVENAKES.—R. et cetera dilecto filio magistro Johanni Lovel justiciario domini regis salutem graciam et benedictionem.   Qualiter quidam clericus de cancellaria nos impetit super ecclesia de Sevenokes, ad quam tanquam vacantem cum veraciter non vacasset se procuraverat presentari, forsitan audivistis.   Licet nos in hiis et aliis jus regium in omni parte salvare pro viribus proponamus, de vestra igitur discrecione ac fidelitate confisi et quod Cantuariensi ecclesie matri vestre gratum intenditis adhibere obsequium, vos rogamus quatinus ad dicti clerici propulsandam in hac parte presumptuosam astuciam velitis interponere partes vestras ; id enim et domino regi tanquam justissimo principi placere speramus [et] sue curie, ac eciam vobis cedet ut credimus in honorem.   Ad quem vero judicem ecclesiasticum vel secularem pertineat de vacacione vel plenitudine ecclesiarum agnoscere bene nostis.   Valete semper in Christo.   Datum apud Chertham vj idus Januarii consecracionis nostre anno secundo.

[*January 8th, 1296.   Letter to Gilbert de Roubery, justice, about the same.*]

ITEM SUPER EODEM.—R. permissione et cetera dilecto filio domino Gilberto de Roubery domini regis illustris justiciario salutem graciam et benedictionem.   Nostis ut credimus qualiter Thomas de Capella clericus cancellarie domini regis ecclesiam de Sevenokes nostri patronatus dudum vacasse confingens, se ad eandem ecclesiam per dominum regem racione archiepiscopatus Cantuariensis tunc vacantis et in ipsius domini regis custodia existentis, licet eadem ecclesia de Sevenokes prout vobis in veritate asserimus taliter non vacasset, de facto procuraverat presentari, et nos eo pretextu per diversa brevia indebite fatigari ; confisus ut dicitur pocius de favore quam de justicia sibi super hoc competenti.   De vestra igitur discrecione ac fidelitate confisi et quod gratus ac devotus filius ecclesie nostre Cantuariensi matri vestre pro viribus esse proponitis, vos rogamus quatinus excluso super hoc favore ut supra sperato [ut] plena fiat exinde justicia quatenus est vobis possibile temporibus congruis procuretis ; jus enim regium in hiis et aliis quatenus ad nos attinet in omni parte servabimus deo dante, et scimus quod voluntas domini regis est ut justicia singulis observetur, et hoc eciam vos velle credimus in hiis precipue que ad jus ecclesie pertinent ut superius est expressum.   De vacacione quoque et plenitudine ecclesiarum ad ecclesiastici judicis prout scitis et non alterius pertinet nocionem.   Valete semper in Christo. Datum apud Chertham vi idus Januarii consecracionis nostre anno secundo.

[*January 10th, 1296.   Letter to the King introducing the bearers of a petition concerning the church of Canterbury.*]

ITEM DOMINO REGI SUPER EODEM.—Excellentissimo principi et domino suo reverendo si placet, domino Edwardo dei gracia regi Anglie illustri domino Hybernie et duci [Fo. 178ᵛ·] Aquitanie suus devotus Robertus permissione di | vina Cantuariensis archiepiscopus tocius Anglie primas salutem et reverenciam tanto principi debitam ac devotam.   Ad exponendam et exhibendam tante celsitudini vestre quandam peticionem jus et statum ecclesie vestre ac nostre Cantuariensis ecclesie et nos ejusdem ecclesie racione tangentem vestrumque super hoc beneplacitum audiendum, dilectos familiares nostros magistrum Johannem de Bestane canonicum Herefordensem et Alexandrum de Insula senescallum libertatum nostrarum vestre celsitudini reverende transmittimus, devotis precibus supplicantes quatinus super peticione eadem et ceteris peticionem ipsam tangentibus benignum eis auditum et favorem benivolum ad honorem dei ac statum et jus ecclesie vestre Cantuariensis predicte servandum adhibere dignetur regia celsitudo, nobisque super hiis per eosdem beneplacitum regium intimare. Valeat semper et crescat in gaudio regia celsitudo.   Datum apud

Chertham iiij^{to} idus Januarii anno domini m° cc° nonagesimo quinto.

———

[*January 10th, 1296. Letter to William de Hamilton, king's clerk, concerning Thomas de Capella's plea against the Archbishop.*]

SUPER EODEM.—R. et cetera dilecto filio domino Willelmo de Hameltone domini regis Anglie illustris clerico salutem graciam et benedictionem. In cujusdam regie presentacionis negocio facte nuper sede Cantuariensi vacante de Thoma de Capella clerico cancellarie domini regis predicti ad ecclesiam de Sevenokes nostri patronatus tanquam ea vice vacantem, licet tunc veraciter prout vobis constanter asserimus non vacasset, tot brevibus regiis indebite fatigamur, tantusque super hoc eidem Thome, et predicte per aliquos ut dicitur cancellarie ministros, voluntarius favor extenditur, quod exinde singuli sapientes qui id audiunt intelligunt et bona consciencia zelant justiciam admirantur. Quia igitur vobis ut credimus facultas competit aliqualis super hoc remedium precurandi, discrecionem vestram requirimus et rogamus quatinus exclusis presidio vestro favoribus, de quibus plus quam de justicia dictus Thomas ut dicitur in hac parte confidit, ad effectum justicie et congrue honestatis circa premissa modis quibus expedire videritis insistatis, ut exinde patenter appareat zelus justicie quem ut speramus habetis, et ad Cantuariensem ecclesiam matrem vestram, de cujus jure circa id agitur, vestra debita gratitudo et de vobis in presertim amplius confidamus. Valete semper in Christo. Datum apud Chertham iiij^{to} idus Januarii consecracionis nostre anno secundo.

———

[*January 10th, 1296. Letter to John de Langton, the chancellor, about the same.*]

DOMINO J. DE LANGETON' SUPER EODEM.—R. permissione et cetera dilecto filio domino J. de Langetone domini regis illustris cancellario salutem graciam et benedictionem. Quia Thomas de Capella cancellarie vestre clericus super ecclesia de Sevenokes nostri patronatus ad quam per dominum regem racione custodie archiepiscopatus Cantuariensis nuper vacantis tanquam ad vacantem ecclesiam, cum veraciter prout vobis pro certo scribimus non vacasset, se procuraverat presentari, nos per diversa brevia regia minus juste prout est satis notorium inquietat, in qua presumpcione concepta idem Thomas per favores aliquorum ministrorum curie regis quibus plus[1] quam juri innititur dicitur sustineri, discrecionem

———

[1] MS. repeats plus.

vestram requirimus et rogamus quatinus jus nostrum et Cantuariensis ecclesie matris vestre, cui noscitis vos astrictum, vestre discrecionis industria promoventes meram justiciam super hiis fieri procuretis, quod et domino regi tanquam justissimo principi, cujus jura quo ad nos servare proponimus, placere speramus, [et] vobis quo ad statum vestrum curie regie cedet ad comodum et honorem. Exinde quoque patebit uberius vestra quo ad dictam Cantuariensem ecclesiam debita gratitudo. Valete semper in Christo. Datum apud Chertham iiij° idus Januarii consecracionis nostre anno secundo.

[*January 5th, 1296. Conditional grant of letters dimissory to John Peny, of Sandwich.*]

LITTERE DIMISSORIE CONDICIONALES. R.—R. permissione et cetera dilecto filio magistro Johanni Peny de Sandwyco primam tonsuram clericalem habenti salutem graciam et benedictionem.

Tuis precibus inclinati ut a quocumque episcopo nostre [Fo. 179.] Cantuariensis provincie liberam | officii sui execucionem habente et tibi sacras manus imponere volente ad omnes minores ac eciam subdiaconatus ordines canonice valeas promoveri, non obstante quod de nostra diocesi oriundus existis, liberam tibi tenore presencium concedimus facultatem, proviso quod in hujusmodi susceptis ordinibus quousque de eisdem nobis aut nostre jurisdictioni publice presidenti facta fides extiterit in nostra diocesi non ministres. Datum apud Chertham nonis Januarii anno domini m° cc° nonagesimo quinto et consecracionis nostre anno secundo.

[*January 24th, 1296. Commission to the Bishop of St. Asaph to confer orders in the diocese of Coventry and Lichfield.*]

COMMISSIO AD CELEBRANDUM ORDINES IN COVENTR' ET LICH' DYOCESI SEDE VACANTE.—Robertus permissione divina et cetera domino . . dei gracia Assavensi episcopo salutem et fraternam in domino caritatem. Ad celebrandum ordines vice nostra in Coventrensi et Lichefeldensi diocesi in instanti die Sabbati quatuor temporum post primam dominicam quadragesime et ad ordinandum omnes et singulos ejusdem diocesis ordinandos in ordinibus memoratis vobis tenore presencium committimus vices nostras. In cujus rei testimonium [et] cetera. Datum apud Aldenton' ix kal. Februarii anno domini ut supra.

[*January 24th, 1296. Commission to the dean of Sittingbourne to inquire into a case of illegitimate birth for dispensation for ordination.*]

MANDAT AUCTORITATE APOSTOLICA INQUIRI SUPER QUI-
BUSDAM ARTICULIS TANGENTIBUS DISPENSACIONEM SUPER
LITTERIS.—R. et cetera decano de Sithyngburne salutem graciam
et benedictionem. Mandatum apostolicum nuper in hec verba
recepimus. Bonefacius et cetera. Volentes igitur ut tenemur
apostolicum adimplere mandatum tibi committimus et mandamus
quatinus per rectores vicarios presbiteros et alios viros ydoneos
dicti decanatus, in quo prefatus Stephanus ut asseritur traxit
originem et diucius morabatur ac notus extitit, ad subscripta specialiter convocandos, prestito ab eisdem de veritate dicenda primitus
juramento, de natalibus ipsius Stephani, videlicet an de soluto et
soluta genitus extitit, de vita eciam conversatione et moribus ipsius
Stephani et an sit paterne incontinencie imitator ac eciam de
ceteris que circa ydoneitatem persone ejusdem Stephani ad
optinendam ut premittitur dispensacionis graciam fuerint attendende, diligenter inquiras, et quid feceris in premissis ac eciam
per inquisicionem prenotatam inveneris nos sine mora dispendiosa
certifices per tuas patentes litteras et nichilominus sub sigillo tuo
inclusas harum seriem continentes. Datum apud Aldinton' ut
supra.

[*Undated. Commission to the Archbishop's commissary to summon the clergy
and people of the diocese to special prayers for the success of the expedition to
Gascony, and the mission to France.*]

QUOD EXCITET POPULUM AD ORACIONES ET ELEMOSINAS
ET CETERA PRO QUIBUSDAM NOBILIBUS ET DISCRETIS AD PARTES
VASCONIE ET FRANCIE TRANSMISSIS. R.—R. permissione et
cetera magistro Martino commissario nostro Cantuariensi et cetera.
Licet dudum per nostram provinciam deliberacione provida
mandassemus ut pro statu ac tranquillitate regni Anglie processiones et oraciones [elemosinas jejunia et cetera pietatis][1] suffragia
per ecclesias fierent in communi, que jam ut credimus fructum
multiplicem attulerunt et in posterum afferent ut speramus ; jam
tamen dominus rex noster illustris quosdam discretos et nobiles
sui regni ad partes Vasconie pro suo jure recuperando ibidem,
nonnullos eciam pro tractatu habendo de pace super guerris et
contencionibus inter ipsum et regem Francie motis, ad instanciam
cardinalium pro pace eadem procuranda specialiter ab apostolica

---

[1] Omitted in MS., supplied from below.

F

sede missorum, ad partes transferens gallicanas, per suas litteras affectuosis precibus nos rogavit ut non solum suam sed nostram justiciam intuentes pro personis antedictis ut supra per regem transmissis ut ipsa negocia in ejusdem domini regis nostri manibus ad laudem dei ipsiusque regis et regni sui comodum et honorem ac populi tranquillitatem et pacem prospere dirigantur, apud altissimum insistamus, quodque premissa a nostris subditis in nostra Cantuariensi diocesi constitutis specialibus exhortacionibus fieri mandaremus.   Advertentes igitur et exinde gaudentes quod idem dominus rex noster de suffragiis ecclesie in suis agendis potissima affectione confidit et id pro se tanquam presidium optimum jam elegit, tibi committimus et mandamus quatinus per omnes [Fo. 179ᵛ·] ecclesias | et monasteria nostre diocesis nobis jure diocesano subjecta intra missarum solempnia necnon in processionibus et predicacionibus quibuscumque in locis hujusmodi faciendis, [pro] dictis personis per dominum regem transmissis tam clerum quam populum ad oraciones elemosinas jejunia et cetera pietatis suffragia facias efficaciter excitari, ac aliis quorum diocesani hanc nostram indulgenciam quo ad subditos eorundem ratam habuerint de suis excessibus vere confessis et in locis ejusdem diocesis a nostra ordinaria jurisdictione exemptis hoc idem fieri pronis supplicacionibus postules et procures, precipue cum honor dei et ecclesie ac eciam singulorum comodum in hac parte versetur; ut autem ad tam pia suffragia clerus et populus cicius induca[n]tur, omnibus et singulis nostre diocesis supradicte qui jejuniis elemosinis oracionibus aut aliis piis operibus ad premissa cum debito devocionis institerint[1] seu ad id ceteros Christi fideles induxerint quoquo modo de omnipotentis dei pietate et sue matris gloriose beatorum Petri et Pauli ac sancti Thome martyris omniumque sanctorum meritis confidentes, quadraginta dies de injuncta seu debita sibi penitencia relaxamus.   Ad hec siquidem efficaciter exequenda tam diligenter insistas ut tibi exinde cumulus meritorum accrescat et tua devocio merito commendetur.   Datum et cetera.

[*January 26th, 1296.   Commission to publish the excommunication of certain evil doers, who have broken into the rectory of Godmersham, throughout the diocese of Canterbury.*]

SENTENCIA CONTRA ILLOS QUI RAPERE ET ASPORTARE PRESUMPSERUNT BONA RECTORIS DE GODMERSHAM.—R. per-

---

[1] MS. insteterint.

missione [et cetera]. Cum nuper satellites Sathane in domibus
rectorie de Godmersham nostre diocesis hostiliter irruentes quedam bona non modica pro parte ad testamentum bone memorie
Johannis dudum Cantuariensis archiepiscopi predecessoris nostri
et pro parte ad rectorem ecclesie de Godmersham supradicte
spectancia per violenciam ausu sacrilego rapere et asportare presumpserunt, quos non ambigitur in majoris excommunicacionis
sentenciam dampnabiliter incidisse, tibi committimus et mandamus
quatinus omnes malefactores hujusmodi ac eciam eis in dicto
maleficio consilium vel auxilium adhibentes in omnibus et singulis
ecclesiis nostre diocesane jurisdictioni subjectis per singulos dies
dominicos ac festivos post recepcionem presencium coram clero et
populo intra missarum solempnia pulsatis campanis et candelis
accensis denunciari facias majoris excommunicacionis sentencia ut
superius tangitur innodatos, et in denunciacionibus ipsis publice
facias inhiberi ne quis dictis malefactoribus vel eorum alicui seu
fautoribus aut complicibus eorundem quousque congrua satisfactione premissa absolucionis beneficium a dicta excommunicacionis
sentencia optinere meruerint, dicto vel facto scienter faveant clam
vel palam, aut cum eis vel eorum aliquo extra casus a jure per-
missos communicent quoquomodo sub pena excommunicacionis
quam in scienter contravenientes ex nunc proferimus in hiis scriptis.
Premissas vero denunciaciones in processionibus et predicacionibus
quibuscumque in vestra supradicta diocesi faciendis solempniter
fieri volumus et mandamus.   Quid autem feceris in premissis nos
plene certifices cum id videris oportunum.   Datum apud Aldinton',
vii° kal. Februarii anno consecracionis nostre secundo.

    Similis littera exivit magistro Martino commissario Cantuari-
ensi et alia episcopo Roffensi.

[*January 28th, 1296. Commission to William de Staundone to hand over the
administration of the estate of the late Bishop of Coventry and Lichfield to
his executors.*]

COMMISSIO FACTA MAGISTRO W. DE STAUNDON' DE TRA-
DENDO ADMINISTRATIONEM BONORUM QUONDAM COVENTR'
ET LICH' EPISCOPI EXECUTORIBUS EJUSDEM.—Robertus permissione divina et cetera dilecto filio magistro Willelmo de Staundone
officiali nostro in Coventrensi et Lichfeldensi diocesi sede vacante
salutem graciam et benedictionem.   Quia probacione testamenti
bone memorie Rogeri dudum Coventrensis et Lichfeldensis episcopi nuper defuncti recepta pro probacione hujusmodi et ipso

testamento pronunciavimus justicia exigente, decernentes ut, facto super hoc inventario et prout convenit approbato, administracio bonorum testamenti ejusdem executoribus nominatis in eo in forma canonica committatur, ut executorum ipsorum [Fo. 180.] parcatur hac | vice laboribus et expensis, ex gracia speciali concedimus ; tibi committimus et mandamus quatinus inventario hujusmodi per te ut premittitur approbato dictam administracionem prefatis executoribus in forma juris committas, dictumque testamentum, quod sub sigillo nostro inclusum tibi transmittimus, post dictam administracionem concessam retento penes te ipsius testamenti transcripto apertum tradas executoribus antedictis ulterius faciens super hiis quod incumbit. Et quid inde feceris nos plene certifices tempore oportuno. Datum apud Aldinton' v° kal. Februarii consecracionis nostre anno secundo.

[*January 15th, 1296. Citation to the prior and convent of the cathedral monastery of Canterbury to be present at his visitation in their chapter on February 6th.*]

CITACIO FACTA MONACHIS ECCLESIE CHRISTI CANT' UT CERTO DIE CORAM DOMINO INTERSINT VISITACIONEM SUAM RECEPTURI. R.—Robertus permissione divina Cantuariensis archiepiscopus et cetera dilectis in Christo filiis priori ecclesie nostre Cantuariensis et conventui loci ejusdem salutem graciam et benedictionem. Pastoralis officii sollicitudo cui ex debito nostre professionis astringimur nos excitat et impellit ut proprii gregis nostri regimini vigilancius intendentes ad nostram Cantuariensem ecclesiam tanquam sponsam predilectam et unicam nostre consideracionis intuitum primitus dirigamus, ut fama celebris et preclara prout convenit in ea refulgens provinciam totam sibi subjectam illuminet et ecclesias singulas ipsius provincie tanquam filias subjectivas ipsa[1] pia mater et domina earundem virtutum rivulis habundanter inebriet, et ut fons luminis honestatis radios exemplares cujuscumque decoris emittens habundanti presidio foveat et illustret. Quia igitur ipsam Cantuariensem ecclesiam et personas ejusdem tam in capite quam in membris ceteraque omnia ad ecclesiam ipsam spectancia quatenus ad nostrum spectat officium visitare volentes, ad visitacionem eandem canonice inchoandam die Lune proxima post festum purificacionis beate Virginis ad prefatam Cantuariensem ecclesiam personaliter de-

---

[1] In the margin, the words vestrasque ecclesias tamquam filias sibi subjectivas ipsa are written with a hand pointing to them.

clinare dictamque visitacionem nostram in ea inchoare proponimus deo dante ac visitacionem eandem progressu continuare canonico usque ad finalem expedicionem ejusdem, tenore
presencium peremptorie vos citamus ac vobis omnibus et singulis in virtute obediencie firmiter injungendo precipimus et mandamus quatinus vos omnes et singuli dicto die Lune in ecclesie
nostre supradicte capitulo hora prima ad ultimum seu tempestivius
ipso die si oportune poteritis coram nobis personaliter intersitis,
nostre visitacionis officium eodem die ac diebus sequentibus usque
ad finalem expedicionem visitacionis ejusdem canonice recepturi,
et facturi super hiis ulterius quod deliberato consilio juxta canonicas sanctiones duxerimus ordinandum seu eciam statuendum ;
vestros quoque fratres absentes et alios quibuscunque officiis infra
septa vestri monasterii deputatos ac ceteros omnes inibi commor-
antes, qui visitacionem presentem debent de consuetudine vel de
jure recipere, ad dictos diem et locum faciatis ut coram nobis prout
prenotatur intersint, nostramque visitacionem quatenus ad eos
attinet plene recipiant convocari. De die vero recepcionis presencium et quid de premissis actum extiterit nos dictis die et loco
certificetis distincte et aperte per omnia per vestras patentes
litteras harum seriem continentes. Datum apud Godmersham
xviii kal. Februarii anno domini mᵒ ccᵒ nonagesimo quinto consecracionis nostre secundo.

─────────

[*Dec. 28th, 1296. Commission to the abbot of Faversham to collect tenths from
ecclesiastical persons subject to the immediate jurisdiction of Canterbury in
the deanery of Shoreham and elsewhere in the diocese of Rochester.*]

ABBATI DE FAVERSHAM AD COLLIGENDUM DECIMAS DE
BENEFICIIS PRO DEFENSIONE COMMUNI REGNI ANGLIE.—
Robertus permissione et cetera dilecto filio . . abbati monasterii
de Faversham salutem graciam et benedictionem. Ad exigendum
colligendum et recipiendum a personis ecclesiasticis qui-
[Fo. 180ᵛ·] buscumque decanatus de | Shorham et aliorum locorum
Rofensis diocesis nostre immediate jurisdictioni in diocesi eadem subjectorum nostre diocesis Cantuariensis tam religiosis
quam secularibus decimam de beneficiis ac ceteris bonis ecclesiasticis eorundem, secundum ultimam taxacionem in terre sancte
subsidium de hiis factam, domino regi Anglie illustri ad defen-
sionem communem regni Anglie et ecclesie Anglicane de periculis
gravibus et immensis que tam regno quam ecclesie supradicto et
omnibus ipsius regni incolis notorie iminent in presenti et in brevi
certitudinaliter ex presumpsionibus violentis iminere timentur, a

clero nostre provincie Cantuariensis nuper ex tam recenti et in-
evitabili necessitate taliter iminente concessam, beneficiis ecclesiasticis personarum plura ecclesiastica beneficia non habencium
valorem sex marcarum annuarum per taxacionem predictam non
excedentibus dumtaxat exceptis, vobis cum cohercionis canonice
potestate committimus vices nostras.   Ita quod una decime supradicte medietas primo die Marcii proximo futuro et altera ejusdem
medietas in octabis sancte Trinitatis sequente proximo postmodum
persolvatur.   In cujus rei testimonium sigillum nostrum presentibus est appensum.   Datum apud Aldinton' v kal. Januarii anno
domini m⁰ cc⁰ nonagesimo quinto et consecracionis nostre secundo.

---

*[January 10th, 1296.   Letter to the justices for gaol delivery in Staffordshire
asking them to hand over the prior and six canons of St Thomas, Stafford,
and several clerks, to the priors of Stone and Ronton.]*

ROGAT QUOSDAM JUSTICIARIOS REGIS SUPER LIBERACIONE
QUORUNDAM CLERICORUM CARCERATORUM.—Viris venerabilibus
et discretis dominis Ricardo de la Rivere et Ricardo de Solers ac
ceteris quibuscumque[1] domini regis justiciariis ad liberacionem
Gayole in comitatu Staffordie specialiter assignatis et in posterum
assignandis Robertus permissione divina Cantuariensis archiepiscopus tocius Anglie primas salutem in omnium salvatore.   Quia
priores monasteriorum de Stanes et de Ronton' Coventrensis et
Lichfeldensis diocesis et utrumque eorum divisim per litteras
nostras patentes assignavimus ad petendum coram vobis vel quocumque vestrum et recipiendum Ricardum priorem sancti Thome
juxta Staffordiam, Philippum de Gloucestria, Henricum de Coltone,
Willelmum du Ree, Henricum de Hucestone, Thomam de Hucestone, Robertum de Westone canonicos dicti prioratus sancti Thome
et Willelmum de Coltone clericos[2] ac eciam quoscumque alios clericos coram vobis vel aliquo vestrum pro quocumque crimine aresta-
tos vel irretitos aut aliqualiter querelatos seu eciam carcerali
custodie mancipatos, vos rogamus quatinus eosdem priorem Sancti
Thome et canonicos ac clericos supradictos prefatis prioribus de
Stanes et de Ronton',[3] vel eorum alteri qui id pecierit intuitu
libertatis ecclesiastice tanquam in hac parte vices nostras vacante
sede Coventrensi et Lichfeldensi gerentibus liberetis.   Valete.
Datum apud Chertham iiij idus Januarii.

---

[1] MS. cujuscumque.   [2] *Sic* MS.   [3] MS. Renton.

[*January 29th, 1296. Mandate to the prior and convent of Coventry to do justice to Robert de Aula.*]

SCRIBIT PRO QUODAM CLERICO RELIGIONEM CONVENTUS COVENT' EXEUNTE EX CERTIS CAUSIS PRIORI ET CONVENTUI LOCI EJUSDEM.—R. permissione et cetera dilectis filiis priori et conventui Coventrensis ecclesie salutem. Querelam Roberti de Aula clerici gravem recepimus continentem quod licet ipse in minori constitutus etate per suorum suasionem ac compulsionem parentum religionem vestram licet invitus intrasset, magistro suo dum novicius extitit suam impotenciam quo ad aliquas observancias religionis ejusdem et ob hoc suum exeundi propositum sepius intimans et expresse protestans, vos tamen per commin-

Fo. 181.] aciones incarceracionis et aliarum penarum | importabilium ipsum timore cruciatus et quasi mortis inductum profiteri in religione eadem compulsistis invitum, et quia idem R. ob suam ut premittitur impotenciam in proposito pristino exeundi perdurans et expresse perpendens ut asserit, se consciencia tuta non posse ibidem sub religionis habitu remanere, oportunitatem sepius recedendi quesivit, vos eundem Robertum occasione premissa carcerali custodie mancipastis diris verberibus aliisque penis immanibus sepius affligentes eundem, a qua custodia carcerali postmodum casualiter liberatus et aliquamdiu in statu permanens seculari diffamaciones furti et aliorum criminum multiplices et injustas ut dicit a vobis et vestris sustinuit, demumque salutis sue consilium a sapientibus se pluries asserit quesivisse quorum in hoc finalis diffinicio residebat ut idem Robertus, si animum suum ad ipsam religionem applicare potuerit ad vos humiliter redeat et commissorum suorum veniam vestrumque beneplacitum et graciam inter vos sub religione pristina commorandi devote postulet et imploret ; alioquin premissum propositum exeundi et cetera prenotata que dictam professionem nullam redderent detegens et ostendens ab ipsa religione in forma debita se procuraret absolvi, et super hoc publice detegi[1] statum suum. Sed vestras comminaciones pristinas et duricias sibi ut prenotatur inflictas dictasque diffamaciones licet injustas, ac ex eo precipue quod per vos et vestros sibi ponuntur insidie ut si ad partes vestras accesserit capiatur probabiliter[2] metuens, non est ausus ut asserit ad vos ut supra venire et petere seu prosequi coram vobis quod sibi taliter est consultum, super quo a nobis peciit precibus lacrimosis sibi per nos aliquale remedium adhiberi. Ut igitur et religionis

---

[1] MS. detigi.   [2] MS. probaliter.

servetur honestas ac status suus in viam salutis uberius dirigatur,
devocionem vestram requirimus monemus et hortamur in domino
quatinus odio seu rancore quocumque subducto vere caritatis
tramites amplexantes vestrosque animos ad justiciam et honesta-
tem debitam pocius quam vindictam prout oportune convenit in-
clinantes, prefatum R., si ad vos in forma que superius annotatur
accesserit pacienter super hiis audiatis, facientes sibi puram et
irreprehensibilem in hac parte justiciam in spiritu lenitatis, et hoc
tam provide tam honeste ut ad nos exinde querela non veniat
iterata. Valete. Datum apud Aldinton' iiij^{to} non. Februarii consecracionis nostre anno secundo.

[January 30th, 1296. Monition to the abbot and convent of Lesnes that they are
to submit to arbitration in the case of disputed tithes between them and the
abbot and convent of Holy Trinity, London.]

HORTATUR QUOSDAM RELIGIOSOS AD PACEM IN QUADAM
CAUSA.[1]—R. permissione et cetera dilectis in Christo filiis . . abbati
et conventui monasterii de Lesnes Roffensis diocesis salutem
graciam et benedictionem. Consueta presumpcio licium et sump-
tuosa calamitas jurgiorum, que in singulis ea sequentibus quietem
impediunt caritatem extenuant odium generant et tam personarum
quam rerum miserabilem consumpcionem inducunt, inter religiosos
precipue, quod est cum dolore plangendum, regnant et militant
hiis diebus, quorum maleficiorum radices qui ramos tam periculosos
extendunt a statu religionis tam nobili funditus extirpare, si ad id
facultas suppeteret, vel saltim ea minuere pro viribus affectamus.

De contensionibus siquidem inter vos et priorem ac conven-
[Fo. 181$^{v.}$] tum monasterii Sancte Trin | itatis Londonie super quibus-
dam decimis dudum motis tot lites et jurgia multiplicatis
exinde processibus diucius agitari totque per multitudinem arma-
torum insultus, qui in religiosorum personis sunt maxime detes-
tandi, frequencius per vos et interdum per alios procurari dicuntur,
quod ut undique circumfusa testatur infamia bona vestra, que piis
usibus applicari debent, in expensis superfluis consumuntur, ac in
vestris collegiis caritas et religiosa devocio penitus adnullatur, et
elemosinis ac eciam hospitalitatibus consuetis et debitis in domo
vestra subtractis sumptus in hiis ex debito faciendi ad contenciones
illicitas et expensas circa ea superfluas erogantur ; licet tantilla contencio per viam concordie si ad id vestra et partis adverse se in-
clinaret affectio de facili posset ut creditur commode terminari.

---

[1] Hand in margin.

Ne igitur hostis antiqui premissa procurantis incommode machinosa calliditas continuatis exinde progressibus statum religionis ex alto precipitet deprimat et confundat, decet et expedit ut contenciones hujusmodi subductis jurgiorum ambagibus vestro dictorumque prioris ac conventus ad id accedente consensu compendiose per viam concordie seu arbitrii decidantur. Quocirca vos caritativis monicionibus excitamus inducimus et hortamur in domino consulentes ut ad viam pacis hujusmodi sine difficultate qualibet protinus annuatis ad quod partem adversam modo consimili statim curabimus excitare, eo quoque fervencius ad premissa manus extendimus quo pensatis hujusmodi licium ac contencionum periculis utriusque domus et conventuum eorundem quietem ac indempnitatem super hiis amplius affectamus precipue cum ipsa negocia in curia nostra diucius agitari et adhuc indecisa pendere dicantur ; quos autem rebelliores in hac parte videbimus bene curabimus oportuno tempore per coherciones licitas refrenare. De hiis vero per viam concordie decidendis ut supra super quibus labores voluntarios subire intendimus, quid finali deliberacione proponitis nobis protinus per latorem presencium sub certitudine rescribatis de quo nobis referendo responso zelus quem ad commodum vel incommodum domus vestre fervencius amplexando concipitis clarius apparebit. Valete. Datum apud Aldinton' tercio nonas Februarii consecracionis nostre anno secundo.

[*February 9th, 1296. Commission to William de Staundone concerning pluralities and other abuses in the dioceses of Coventry and Lichfield.*]

COMMISSIO FACTA MAGISTRO W. DE STAUNDON' DE PLURA BENEFICIA ECCLESIASTICA OPTINENTIBUS ET CETERA.—Robertus permissione divina et cetera dilecto filio magistro Willelmo de Staundon' officiali nostro in Coventrensi et Lichfeldensi diocesi ipsius sede vacante salutem graciam et benedictionem. Ad inquirendum in dictis civitate et diocesi de quibuscumque personis beneficiatis in diocesi supradicta plura beneficia ecclesiastica cum animarum cura habentibus, et de non ordinatis prout beneficiorum cura requirit, ac eciam de minoribus beneficia ecclesiastica cum animarum cura tenentibus, seu de beneficiis hujusmodi minoribus prius de facto collatis et de eorum custodibus, necnon de titulis beneficiatorum in ipsa diocesi de quibus forsitan dubitatur et de insufficiencia hujusmodi titulorum, de ecclesiis eciam noviter appropriatis ac de hujusmodi appropriacionum effectu et tem-
[Fo. 182.] pore atque modo, insuper de simoniace promotis, de in- |
trusoribus et aliis excessibus ac delictis que ad ecclesi-

astici judicis pertinent nocionem et in omnibus ea tangentibus vel que tangere poterunt quoquo modo, tibi cum cohercionis canonice potestate ex habundanti committimus vices nostras, ita quod in ipsis negociis usque ad decisionem eorum finalem previa racione procedas, et in eis usque ad destitucionem seu privacionem beneficiorum, quod nobis ex certa sciencia reservamus, cognoscas et procedas, ipsaque negocia sic instructa vel eciam[1] si expedire videris non instructa, una cum processibus habitis in eisdem ac singulis munimentis ea tangentibus, nobis cum oportune poteris sub tuo sigillo plene referas et transmittas, diesque certos partibus quos ipsa contingunt negocia tuo arbitrio moderandos coram nobis assignes ad faciendum et recipiendum super hiis quod fuerit consonum equitati. Datum Cantuarie v idus Februarii anno domini m° cc° nonagesimo quinto et consecracionis nostre secundo.

[*February 11th, 1296. Letter to the Bishop of London concerning the homage due from him for Benchesham.*]

LOND' EPISCOPO DE FACTO SUO DE BENCHESHAM.— Robertus permissione divina et cetera venerabili fratri domino R. dei gracia Londoniensi episcopo cum continuata dilectione fraterna salutem. Quia per illos quos de facto vestro de Benchesham asseruitis habere noticiam aut eciam hucusque aliunde certiorari nequivimus de processu et fine levato, de quibus dominus R. de Hengham fecerat et nos in nostris litteris prius vobis directis fecimus mencionem et que substanciam et medullam negocii memorati contingunt, sed adhuc super hiis in ambiguo pristino residemus, nec de eis quicquam nobis hactenus rescripsistis pro vestra tranquillitate nostraque consciencia, quo ad jus ecclesie nostre quod pro nostris viribus servare tenemur, uberius serenanda, fraternitatem vestram adhuc sicut prius requirimus et rogamus quatinus de processu et fine hujusmodi statim per portitorem presencium, si fieri possit aut vestrum si volueritis nuncium specialem, nos certificetis quo facto quantumcumque sine nostri juris offensa poterimus vestrum beneplacitum super hoc faciemus. Valete. Datum Cantuarie iij° idus Februarii consecracionis nostre anno secundo.

[*Undated. Letter to the Bishop of London concerning the same.*]

Robertus permissione et cetera venerabili fratri domino R. dei gracia Londoniensi episcopo salutem et continuum fraterne dilectionis augmentum. Inter quos finis de quo in litteris tam vestris

---

[1] MS. et.

quam nostris hinc inde transmissis fit mencio levabatur, divinare
nequivimus cum finem hujusmodi et ejus effectum totaliter ignore-
mus, nec penes quem finis ipse resideat ante vestram litteram
ultimo nobis missam quicquam nos audivisse meminimus, nec id
in aliis litteris vestris vidimus contineri; pensata vero necessitate
qua cogimur jus nostre ecclesie pro posse tueri, et per sola verba
nisi factum sufficiens ad premissa viderimus in jure nostro predicto
prout nostis informari non possumus, nec vos ipsi in casu consimili
vos tangente aliud sentiretis, tam pro vestra quam nostra tranquillitate et jure utriusque nostrum in hac parte salvando, decet et
expedit ut instrumenta, que ad id ut premittitur faciunt, videamus
et ne ex quocumque super hoc impedimento hac vice turbemini,
ballivis nostris mandavimus ut ad tempus ab hujusmodi impedimento desistant, et hoc bene volumus aliquamdiu sustinere dum
tamen nostra informacio ut supra sufficiens non nimium pro-
trahatur.   Protestamur enim, prout nobis incumbit necessitas, jus
nostrum et nostre ecclesie circa premissa nos velle oportuno tempore prosequi cum effectu, velle vestrum super hiis nobis sine more
dispendio certitudinaliter intimetis.   Valete et cetera.

[Fo. 182ᵛ.]

[*Undated.   Commission to the abbot of Nutley for the reconciliation of a cemetery.*]

ABBATI DE NOTTELEY PRO CYMITERIO CAPELLE DE COLN-
WYK RECONCILIANDO.—R. et cetera abbati de Nottele Lincolniensis diocesis salutem et cetera.   Ad reconciliandum in forma
canonica cymiterium capelle de Colneswyk' per effusionem san-
guinis violentam ut dicitur execratum quatenus cymiterium ipsum
reonciliacione indiget, de quo eciam cymiterio an hactenus dedi-
catum existeret dubitatur, vobis committimus vices [nostras] et ad
id plenam vobis concedimus potestatem.   Datum et cetera.

[*February 25th, 1296.   Commission to William de Staundone to act in the case of
the rival claimants to the rectory of Uttoxeter.*]

OFFICIALI COVENTR' ET LICH' SEDE VACANTE PRO ECCLE-
SIA DE UTTOXATHERE DICTE DIOCESIS.—R. permissione et cetera
dilecto filio magistro W. de Staundone officiali nostro in Coventrensi et Lichfeldensi diocesi ipsius diocesis sede vacante salutem et
cetera.   In causa mota seu que movere speratur auctoritate ordinaria
inter Johannem de Dyttone ad ecclesiam de Uttoxathere dicte diocesis ut dicitur presentatum ex parte una et Johannem de Verney
qui ejusdem ecclesie asserit se rectorem ex altera, et in omnibus ac

singulis causam ipsam tangentibus reservata nobis pronunciacione ac decisione finali seu diffinitiva sentencia in eadem, tibi cum cohercionis canonice potestate committimus vices nostras. Ita quod in causa eadem omnibus rite peractis et in facto conclusis totum processum super hoc habitum nobis ad diem quem ad id videris oportunum sub sigillo tuo transmittas inclusum, ipsumque diem coram nobis, ubicumque tunc in civitate diocesi vel provincia fuerimus, partibus antedictis statuas et prefigas ad faciendum et recipiendum in causa eadem quod fuerit consonum equitati, et nos super hoc ad ipsos diem et locum oportune certifices per tuas patentes litteras harum seriem continentes. Datum Cantuarie vi kal. Marcii consecracionis [nostre anno secundo].

[*February 28th, 1296. Grant of a year's leave of absence to the rector of Hothfield.*]

RECTORI ECCLESIE DE HADHFELD' UT POSSIT ABESSE AB ECCLESIA SUA PER DUOS ANNOS.—Memorandum quod ad instanciam et rogatum domini . . Dunelmensis episcopi concessum est per dominum archiepiscopum magistro Thome de Esthall' rectori ecclesie de Hadhfeld' Cantuariensis diocesis ut a festo Pasche venturo proximo per duos annos sequentes possit abesse ab ecclesia sua predicta, ipsamque interim alicui ecclesiastice et honeste persone ad firmam dimittere dum tamen debitis non fraudetur obsequiis et cetera. Item remissa est eidem rectori contumacia quam contraxit super obediencia facienda citatus, et sequestrum ea racione interpositum in proventibus ecclesie supradicte extitit relaxatum, apud Hakyntone iij kal. Marcii.

[*February 29th, 1296. Commission to the Archbishop's commissary to absolve William de Multone from excommunication and to impose a certain penance on him.*]

COMMISSARIO CANT' UT ASPORTANS DECIMAM DE ROLVINDENN' FACIAT PENITENCIAM.—R. permissione et cetera dilecto filio magistro Martino . . commissario nostro Cantuariensi salutem et cetera. Quia per inquisiciones varias legitime factas necnon et per facti notorium jamdudum constitit et adhuc constat quod Willelmus de Multone una cum suis complicibus decimas et ceteras obvenciones ad ecclesie de Rolvindenne rectoriam spectantes tempore vacacionis ejusdem ecclesie contra prohibiciones varias sub pena excommunicacionis late sepius per nos factas per violenciam asportavit seu fecerat asportari, et intrusores in eadem ecclesia ceterosque sacrilegos

et malefactores in ea una cum omnibus eis communicantibus per nos
majoris excommunicacionis sentencia innodatos sustinuit, ipsisque
maleficiis auctoritatem omnimodam prebuit et juvamen, quodque
idem Willelmus predicta excommunicacionis sentencia propter
hoc innodatus, tanquam in profundum malorum se ipsum precipi-
tans omnemque censuram ecclesiasticam pessima rebellione con-
tempnens, in malicia sua hujusmodi obstinatus plus ceteris omnibus
et multo diucius perduravit ac nichilominus cum mulieribus ejusdem parochie fornicacionem frequenter commisit, eundem Willelmum ad ecclesie gremium, prout in vultu et gestu pretenderat,
redeuntem ac petentem se a dicta excommunicacionis sentencia in
forma juris absolvi ab eadem sentencia, prestito prius ab
[Fo. 183.] eo | de parendo juri ac de stando mandatis ecclesie jura-
mento absolvimus, injuncta sibi per nos pro dictis excessibus penitencia infrascripta, videlicet quod quia nos et nostram
Cantuariensem ecclesiam ac eciam jus ejusdem ut premittitur
offendit, idem Willelmus per tres dies dominicos aut solempnes
ante processionem ipsius ecclesie in sola sua camisia et femoralibus
et per mercatum civitatis Cantuariensis per tres dies ejusdem mercati simili modo, necnon insuper et per septem dies dominicos circa
ecclesiam supradictam de Rolvindenn' quam ita enormiter ut prenotatur offendit, necnon per mercata de Newyndenn' et Tenter-
denn' vicina[1] dicte ecclesie in cujus partibus tam enormis de premissis laborat infamia per duos dies mercati hujusmodi in uno
eorum et per duos alios dies in alio modo predicto similiter publice fustigetur expositis palam coram clero et populo in qualibet
fustigacionum hujusmodi causis superius annotatis ; volumus autem
ut, antequam idem Willelmus penitenciam prout inferius annotatur
compleverit vel pars ejusdem penitencie per nos remittatur eidem,
non denuncietur publice absolutus.   Quocirca tibi committimus et
mandamus quatinus prefatum Willelmum canonice moneas et
inducas ut penitenciam antedictam saltim circa prefatam ecclesiam
de Rolvindenn' et predicta mercata de Newyndenn' et de Tenter-
denn' diebus per te super hiis assignandis eidem perficiat reveren-
ter.   Alioquin ipsum in prefatam sentenciam excommunicacionis
retrudas, et sic excommunicatum per totam Cantuariensem diocesim in ipsius ecclesiis denunciari publice facias diebus quibus
videris oportunum, in ipsa denunciacione non cessans quousque
penitenciam plene peregerit superius ultimo nominatam.   Penitenciam vero circa processionem ecclesie nostre et mercatum civitatis

---

[1] MS. vicinia.

Cantuariensis ut supra quousque aliud super hoc mandaverimus, teneri volumus in suspenso. Dicta vero penitencia circa ecclesiam de Rolvindenn' et per mercata vicina eidem ut superius tangitur plene peracta eundem Willelmum in locis, de quibus per eum congrue requisitus extiteris, denunciari facias publice ut premittitur absolutum. Quid autem in premissis actum extiterit nos oportune certifices cum id expedire prospexeris tempore competenti. Datum apud Hakyntone ii kal. Marcii consecracionis nostre anno secundo.

[*February 9th, 1296. Form of dispensation for a man of illegitimate birth to be ordained and to hold a benefice with care of souls, provided that he takes orders at the appointed times and resides.*]

AD DISPENSANDUM CUM CLERICO GENITO DE SOLUTO ET SOLUTA PER MANDATUM APOSTOLICUM.—Robertus permissione divina et cetera tali clerico salutem et cetera. Mandatum apostolicum recepimus in hec verba. Bonefacius episcopus servus servorum dei et cetera. Cum itaque per inquisicionem solempnem auctoritate nostra de singulis mandatum apostolicum supradictum tangentibus rite factam nobis constiterit te de soluto et soluta ut premittitur genitum exstitisse, ac eciam esse bone vite et conversacionis honeste, et quod imitator paterne incontinencie non existis; de tuis eciam moribus et ceteris que circa ydoneitatem persone tue ad dicte dispensacionis graciam optinendam debent attendi laudabile de te testimonium perhibetur ut dicto non obstante defectu possis ad omnes ordines promoveri et ecclesiasticum beneficium optinere eciam si curam habeat animarum, tecum auctoritate predicta misericorditer dispensamus, ita tamen quod tu sicut requiret onus beneficii quod te post dispensacionem presentem optinere contigerit, te facias statutis temporibus ad ordines promoveri et personaliter resideas in eodem; alioquin presens gracia quo ad beneficium ipsum nullius penitus sit momenti. In testimonium vero premissorum has litteras tibi patentes concedimus sigilli nostri munimine roboratas. Datum Cantuarie v idus Februarii anno et cetera nonagesimo quinto consecracionis nostre secundo.

[Fo. 183ᵛ.]

[*February 18th, 1296. Dispensation to a clerk who was ordained without the Archbishop's licence.*]

DISPENSAT CUM ORDINATO AB EPISCOPO CYCESTRENSI SINE LICENCIA SUI DIOCESANI.—Robertus permissione divina Cantuariensis archiepiscopus tocius Anglie et cetera dilecto filio

Willelmo dicto Up de Loventone subdiacono salutem graciam et benedictionem. Super eo quod cum in Cycestrensi diocesi de nostra tamen immediata jurisdictione exempta videlicet in de- canatu de Pageham te sine Cantuariensis archiepiscopi tui dio- cesani licencia procurasti per Londoniensem episcopum in Cyces- trensi diocesi ad rogatum diocesani ejusdem ordines celebrantem, cui videlicet Cycestrensi episcopo nullo modo fuisti subjectus, per tuam simplicitatem ut asseris in subdiaconum ordinari, credens pro eo quod in dicta Cycestrensi diocesi traxisti ut prenotatur originem, id tibi licere, in quo tamen ordine prout asseris nulla- tenus postmodum ministrasti, tuam in hac parte simplicitatem et plenitudinem de commisso plenius attendentes ut dicto non obstante defectu ministrare valeas in ordine sic suscepto, et ad ulteriores dum tamen aliud tibi canonicum non obstiterit, prout a nobis humiliter postulas, promoveri te cum compassione paterna misericorditer dispensamus. In cujus rei testimonium has litteras nostras patentes tibi concedimus nostri sigilli munimine roboratas. Datum Cantuarie xiij^{mo} kal. Marcii anno domini m° cc° nona- gesimo quinto et consecracionis nostre secundo.

[*Nov. 21st, 1295. Notification by the Master and brethren of the Hospital of Ospring that the brethren make their profession after the manner of the Hospitallers and Templars.*]

QUOD FRATRES DE HOSPITALI DE OSPRENGE FACIANT PROFESSIONEM AD SIMILITUDINEM TEMPLARIORUM ET HOS- PITALIORUM.—Universis Christicolis frater Alexander magister domus hospitalis beate Marie de Osprengge et ejusdem loci fratres in dei filio salutem. Notum vobis facimus quod monasterium nos- trum fratres ingredientes primo die habitus sui assumpti ad instar Hospitaliorum et Templariorum suam faciunt professionem nec ulterius est licitum ad seculum eisdem quomodo convolare. In cujus rei testimonium presentibus sigillum nostrum commune duximus apponendum. Datum apud Osprengge in capitulo nostro xi kal. Decembris anno domini m° cc° nonagesimo quinto.

[*Undated. Commission to William de Staundone to hear the purgation of a chaplain.*]

PRO IRRETITO SUPER CRIMINE HOMICIDII UT POSSIT SE PURGARE.—Robertus permissione divina Cantuariensis archiepis- copus tocius Anglie primas dilecto filio . . officiali nostro in Coventrensi et Lichfeldensi diocesi ipsius sede vacante salutem graciam et benedictionem. Quia Willelmus dictus Brond de Thameworthe capellanus dicte diocesis dudum super homicidii et depredacionis criminibus coram justiciariis domini regis in eisdem partibus irretitus ac demum loci diocesano juxta regni consuetudinem et libertatem ecclesiasticam traditus ac eciam in carcere dicti diocesani ea racione detentus, a prefatis criminibus asserit se immunem offerens se super hiis legitime purgaturum, de cujus innocencia in hac parte ex litterarum tuarum tenore presumimus, tibi committimus et mandamus quatinus proclamacionibus ut moris est publice factis in locis in quibus de eodem sacerdote major habetur noticia ac eciam dicta facinora perpetrata fuisse dicuntur, de proponendo contra purgacionem ipsius presbiteri que jure permittente proponi poterint et admitti, purgacionem ejusdem cum debita solempnitate et circumspecte per omnia procedendo recipias ipsoque purgato legitime eum a prefato carcere facias liberari, sibique laudabilem famam suam et bona sua restitui, et quod circa premissa incumbit ulterius juxta juris exigenciam exequaris ; contradictores et rebelles per censuram ecclesiasticam compescendo in premissis vero omnibus tibi cum cohercionis canonice potestate committimus vices nostras. De hiis quoque nos plene certifices cum super hoc fueris congrue requisitus. Datum et cetera.

[*Undated. Commission to a vicar to hear the confessions of the nuns of St. Sepulchre's, Canterbury.*]

AD AUDIENDUM CONFESSIONES MONIALIUM SANCTI SEPULCHRI CANT'.—Willelmo perpetuo vicario ecclesie de T. salutem. Ad audiendum confessiones monialium monasterii sancti[1] Sepulchri Cantuarie de eorum excessibus et peccatis et absolven-
[Fo. 184.] dum eas prout ad formam | penitencialem pertinet ab eisdem, ac eciam injungendo eis penitencias pro ipsis excessibus salutares quatenus premissa ad nos pertinent, tibi committimus vices nostras. Datum et cetera, consecracionis et cetera.

[*March 10th, 1296. Letter to the Bishop of London requiring him to inform the Archbishop about the King's writs of prohibition in a case before the Court of Arches.*]

LITTERE UT SUFFRAGANEUS CERTIFICET METROPOLITICUM QUALITER IDEM SUFFRAGANEUS REGEM CERTIFICAVIT DE PROCESSU SUPER ECCLESIA CORAM SE HABITO ET DE MANDATO

---

[1] MS. repeats sancti.

REGNI QUO AD HOC.—Robertus permissione divina Cantuariensis archiepiscopus tocius Anglie primas venerabili fratri domino R. dei gracia Londoniensi episcopo salutem et fraternam in domino caritatem. Porrectis nuper in curia nostra de Arcubus Londonie pro Bruno de Podyo, qui ecclesie de Shepertone vestre diocesis asserit se rectorem, quibusdam prohibicionibus regiis in negocio super eadem ecclesia moto in nostra curia predicta inter magistrum Jacobum de Molyon ex parte una et dictum Brunum ex altera, ab aliquibus in judicio dicebatur quod vos seu vester officialis dominum regem ad ipsius rogatum super processu coram vobis de premissis inter partes easdem prehabito quodammodo certificastis seu certificavit. Fraternitatem vestram requirimus et rogamus quatinus de mandato seu rogatu ipsius principis sic vobis directo forsitan si quod erat, et quid super hoc per vos aut quemcumque de vestris actum extiterat vel domino regi quomodolibet intimatum, nos absque more dispendio per presencium bajulum velitis reddere cerciores. Valete semper in Christo. Datum apud Hakyntone juxta Cantuariam vi idus Marcii consecracionis nostre anno secundo.

[April 2nd, 1296. Letter to the Bishop of Bath and Wells announcing the relaxation of the sequestration of the vicarage of Melbourne in the diocese of Coventry and Lichfield, but refusing to dispense with residence by the vicar.]

RELAXACIO SEQUESTRI GRACIOSA ET EXCUSACIO DISPENSANDI CUM VICARIO NON. RESIDENTE ET IN ALTERIUS QUAM SUI EPISCOPI VEL EJUS SUPERIORIS OBSEQUIO MORANTE.—Robertus permissione divina Cantuariensis archiepiscopus tocius Anglie primas venerabili in Christo fratri domino W. Batoniensi et Wellensi episcopo salutem et fraterne dilectionis amplexum. Sequestrum in proventibus vicarie de Meleburne, cujus vicarius in vestra ut asseritis remanet comitiva, vestri contemplacione ex quacumque causa idem sequestrum interpositum fuerit relaxamus ad presens. Volumus tamen ut idem vicarius citra festum Ascencionis domini nobis aut officiali nostro in Coventrensi et Lichfeldensi diocesi sub pena innovacionis dicti sequestri obedienciam faciat personalem, sed cum eodem vicario ne in sua vicaria resideat dispensare non possumus nec jus aliqualiter dispensari permitteret nisi in sui proprii episcopi vel superioris ejusdem obsequio resideret ; ipsius enim vicarii debitum juramentum si hoc in sua institutione non prestitit, institucio non valuit ipso jure, unde si ut supra juravit periculose ut premittitur extra vicariam suam moratur. Et si taliter non juravit fructus et proventus ipsius vicarie hactenus sine titulo et periculose percepit et in futurum percipiet, quousque vicium memoratum tam satisfaciendo de sic injuriose perceptis quam eciam se habilitando ad percipienda in posterum plene purgaverit juxta canonicas sanctiones.   In singulis quoque nobis sine juris offensa permissis satis inclinare proponimus votis vestris, servatis tamen per omnia prout tam nos quam vos eciam ex debito nostre professionis astringimur canonicis institutis.   De relaxacione vero dicti sequestri in forma inclusa presentibus officiali nostro in Coventrensi et Lichfeldensi diocesi litteram mittimus specialem. Valete semper in Christo.   Datum apud Aldinton' quarto nonas Aprilis consecracionis nostre anno secundo.

[*April 2nd, 1296.   Mandate to William de Staundone to relax the sequestration of the vicarage of Melbourne.*]

RELAXACIO SEQUESTRI IN SUO CASU.—Robertus permissione divina Cantuariensis archiepiscopus tocius Anglie primas dilecto filio officiali in Coventrensi et Lichfeldensi diocesi salutem graciam et benedictionem.   Volumus et mandamus ut sequestrum per te interpositum ex causa quacumque in fructibus seu proventibus vicarie de Meleburne dicte diocesis relaxes ad presens et haberi facias relaxatum.   Volumus tamen ut ecclesie supradicte vicarius citra festum Ascencionis domini nobis aut tibi nostro nomine obedienciam per se faciat, alioquin extunc sequestrum innoves antedictum et nos de premissis certifices cum super hoc congrue fueris requisitus.   Valete.   Datum apud Aldintone iiij nonas Aprilis consecracionis nostre anno secundo.

[*Undated.   Grant of the custody of the gate of the cathedral monastery opening on to the market.*]

CONCESSIO CUSTODIE UNIUS PORTE CANT' CUIDAM FAMILIARI.—Robertus permissione divina Cantuariensis archiepiscopus tocius Anglie primas dilecto filio Ricardo Sperling familiari nostro salutem graciam et benedictionem.   Tuum servicium nobis fideliter jamdudum inpensum tuamque diligenciam | et [Fo. 184ᵛ·] circumspectam industriam plenius advertentes, ballivam seu custodiam magne porte ecclesie nostre Cantuariensis versus forum civitatis ejusdem una cum toto feudo et proventibus ad ballivam seu custodiam ipsam spectantibus ad vitam tuam integre regendam custodiendam et integre possidendam tibi conferimus et committimus per presentes.   In cujus rei testimonium sigillum nostrum presentibus est appensum.

[*Undated. Notification of the legitimate birth of a citizen of Canterbury.*]

LITTERE TESTIMONIALES SUPER CUJUSDAM LEGITIMITATE INQUISITA ET PROBATA.—Universis Christi fidelibus ad quorum noticiam presens scriptura pervenerit Robertus permissione et cetera salutem et pacem in domino sempiternam benedictionem et graciam salvatoris. Pium et honestum esse conspicimus in hiis precipue que statum subditorum nostrorum contingunt veritati testimonium perhibere. Ne igitur de natalibus aut legitimacione dilecti filii Thome dicti Man civis Cantuariensis in posterum hesitetur, universitati vestre tenore presencium intimamus quod prefatus Thomas de legitimo matrimonio inter Adam le Lyndraper alio nomine dictum Mercer patrem prefati Thome et Margeriam uxorem ejusdem Ade ac matrem ipsius Thome dudum contracto constante hujusmodi matrimonio legitime extitit procreatus, prout hec omnia per inquisicionem solempnem et probaciones recepimus evidentes ipsumque Thomam ea racione fuisse et esse legitimum declaramus. In cujus rei testimonium eidem Thome has litteras patentes concessimus sigilli nostri munimine roboratas.

[*Undated. Commission to the dean of Westbere to inquire into the case of a man who continues to illtreat his wife, and to cite him to appear before the Archbishop.*]

DE INQUIRENDO DE VIRI SEVICIA EXASPERATA CONTRA UXOREM SUAM CONTRA SUUM JURAMENTUM POSTQUAM CORRECTUS JURAVIT SE VELLE IPSAM DEBITE PERTRACTARE ET DE CITACIONE EJUSDEM ET INHIBICIONE QUE PATENT.—R. permissione et cetera dilecto filio . . decano de Westbere in Thaneto salutem et cetera. Inter cetera nobis in progressu visitacionis nostre denunciata recepimus quod A. de N. Aliciam uxorem suam legitimam enormiter verberare et aliquociens vulnerare ac eciam continuata furoris audacia male et periculose tractare contra legem conjugii quasi diebus singulis non desistit, licet super hoc tam coram officiali archidiaconi Cantuariensis quam eciam presidente consistorii nostre Cantuariensis ecclesie diversis vicibus evocatus et per eosdem judices canonice monitus atque jussus ut a furore desistens suam uxorem predictam maritali affectione tractaret, de ipsam sic debite et mansuete tractando se juramento super hoc prestito astrinxisset, immo hiis nunquam obstantibus idem A. spiritu rebellionis assumpto in profundum malorum deveniens multo amplius circa uxorem suam premissam conceptum prius furorem in dies exagitat et augmentat se prorsus incorrigibilem super hoc

et pertinaciter obstinatum ostendens ; ut igitur compescatur tante
presumpcionis audacia et ampliora pericula devitentur, tibi committimus et mandamus quatinus sine mora veritatem de premissis
diligenter inquirens, si sic esse compereris, prefatum A. peremptorie cites vel citari facias quod ad diem per te super hoc
assignandum, ubicumque tunc in civitate vel diocesi vel provincia Cantuariensis fuerimus, personaliter coram nobis compareat
super hiis ac ceteris ex nostro obiciendis eidem secundum juris
exigenciam responsurus et de veritate dicenda super hiis jura-
turus ac eciam pro suo perjurio et contemptu penam canonicam
recepturus et facturus, et recepturus ulterius quod est justum ;
eidem eciam et sub pena excommunicacionis inhibeas ne in dictam
uxorem suam seviat sicut hactenus consuevit.   Quid autem feceris
in premissis nos dictis die et loco certifices per tuas patentes[1]
litteras harum seriem continentes.   Datum et cetera.

_____

[*April 8th, 1296.   Commission to the dean of Shoreham to excommunicate all who
hinder the sale of the fruits of the church of Peckham belonging to the Archbishop during the vacancy, and to cite the rector to appear before the Archbishop.*]

DE DENUNCIANDO EXCOMMUNICATOS OMNES IMPEDIENTES
LIBERAM VENDICIONEM ET DISPOSICIONEM DOMINI CANT' IN
FRUCTIBUS DE TEMPORE VACACIONIS CUJUSDAM ECCLESIE.—
Robertus et cetera dilecto filio . . decano de Shorham salutem et
cetera.   Nuper ut recolimus tibi nostris litteris dedimus in mandatis
ut fructus et proventus ecclesie de Pecham de autumpno ultimo
nunc transacto in horreis rectorie ecclesie prenotate reconditos et ad
nos racione vacacionis ejusdem ecclesie ea vice spectantes venderes
et precium exinde redactum nobis transmittere non differres.   Sed
tu ut didicimus per asportacionem clavium dictorum horreorum
scienter ab aliis factam impeditus existis quominus mandatum nostrum hujusmodi poteras adimplere.   Ne igitur ex tante presumpcionis audacia jus nostrum et ecclesie nostre per consequens offen-
datur, cujus offensores aut jus hujusmodi maliciose turbantes
minuentes vel quomodolibet infringentes non ambigitur in majoris
excommunicacionis sentenciam incidisse, tibi committimus et
        mandamus quatinus in singulis tui decanatus ecclesiis
[Fo. 185.]   per tres dies dominicos aut festivos proximos | post re-
cepcionem presencium quamcicius poteris oportune intra

_____

[1] MS. petentes.

missarum solempnia coram clero et populo denunciari publice
facias omnes illos qui dictas claves scienter ad impediendum execucionem nostri mandati predicti fecerant aut mandaverant asportari vel execucionem hujusmodi alias ex certa sciencia impedire
presumpserant quoquo modo, majoris excommunicacionis sentencia
innodatos, et de malefactoribus ipsis diligenter inquirens omnes illos
quos super hoc culpabiles aut suspectos seu quoquo modo nodatos
inveneris, et precipue magistrum Petrum rectorem ecclesie supradicte de Pecham qui de dicto maleficio ut dicitur suspectus habetur,
peremptorie cites vel citari facias quod compareant[1] personaliter
coram nobis proximo die juridico post festum sancti Marci Ewan-
geliste ubicumque tunc in civitate diocesi vel provincia Cantuariensi fuerimus super premissis et aliis ex nostro officio obiciendis
eisdem secundum juris exigenciam responsuri, et de veritate
dicenda super hiis juraturi, facturi et recepturi ulterius quod est
justum ; ipsos eciam rectorem nominatim, et in genere ceteros
dictorum clavium detentores quam cicius poteris solempniter ac
canonice moneas vel moneri facias ut infra sex dies post monicionem hujusmodi dictas claves tibi restituant et ab omni impedimento execucionis nostri mandati predicti desistant sub pena
excommunicacionis majoris quam ex nunc in contravenientes seu
monicioni hujusmodi non parentes proferimus in hiis scriptis.
Presens vero mandatum in dicta ecclesia de Pecham prefatis
diebus quo ad omnes articulos in mandato ipso contentos solempniter facias publicari et patenter exponi, ipsiusque mandati copiam
singulis quorum interest publice offeras, et dicto rectori seu suo
procuratori ac ceteris qui id oportune petierint fieri facias cum
effectu. Quid autem feceris in premissis et de nominibus taliter
citatorum nos dictis die et loco certifices per tuas patentes litteras
harum seriem continentes. Datum apud Reculvere vj idus Aprilis
consecracionis nostre anno secundo.

[*Undated. Commission to William de Staundone to inquire into the value of the
obventions of the church of Whalley, appropriated to the abbot and convent of
Stanlaw, and the burdens on it, so that a vicarage may be ordained.*]

DE INQUIRENDO DE VALORE CUJUSDAM ECCLESIE APPRO-
PRIATE ET DE OMNIBUS EIDEM INCUMBENTIBUS UT COMPE-
TENCIUS VICARIA ORDINETUR IN EADEM.—Robertus permissione
divina dilecto filio magistro Willelmo de Staundon' officiali nostro

----

[1] MS. compareat.

in Coventrensi et Lichfeldensi diocesi sede vacante salutem graciam et benedictionem. Quia in ecclesia de Qualleye dicte diocesis quam religiosi viri abbas et conventus de Stanlou ordinis Cysterciensis in usus proprios habere contendunt, de cujus tamen appropriacionis viribus et effectu dubitatur ut dicitur, in eventum appropriacionis ejusdem si justa et legitima declaretur perpetuam vicariam juxta ipsius ecclesie facultates et onera, servatis que in hac parte requiruntur solempniis, ordinare proponimus domino concedente, tibi committimus et mandamus quatinus vocatis qui fuerint evocandi de valore annuo omnium obvencionum ecclesie de Qualleye supradicte et capellarum dependencium ab eadem, ac eciam ipsius ecclesie suarumque capellarum oneribus qualitercumque debitis et hactenus consuetis per ecclesiarum vicinarum rectores et vicarios aliosque viros ydoneos juratos et diligenter in singulis examinatos veritatem inquiras, ipsamque inquisicionem specificatis in ea porcionibus singulis tam obvencionum quam onerum predictorum nobis sub tuo sigillo quam cicius poteris oportune transmittas inclusam. Et quid feceris in premissis nos plene certifices per tuas patentes litteras harum seriem continentes. Datum et cetera.

———

[*February 19th, 1296. Commission to William de Staundone to inquire into the value of certain poor vicarages in the diocese of Coventry and Lichfield, and the burdens on them.*]

DE INQUIRENDO VALORE VICARIARUM EXILIUM ET DE ONERIBUS EARUMDEM ET COGNOSCENDO USQUE AD SENTENCIAM ET CETERA.—R. permissione divina Cantuariensis et cetera dilecto filio magistro W. de Staundone officiali nostro in Coventrensi et Lichfeldensi diocesi sede vacante salutem graciam et benedictionem. Quia multe vicarie perpetue parochialium ecclesiarum dicte diocesis, prout ex plurium relatu didicimus, tam tenues et exiles existunt quod ecclesiarum ipsarum vicarii de earumdem vicariarum proventibus sustentari et onera eis incumbencia supportare non possunt nisi proventus hujusmodi augeantur, tibi committimus et mandamus quatinus veritatem super hiis vocatis vocandis ut convenit super hiis in forma canonica diligenter inquiras, et receptis exinde vicariorum querelis ac eciam auditis hinc inde propositis in causis seu negociis ipsis usque ad finalem diffinicionem quam nobis ex certa sciencia reservamus previa racione procedas, servatis que in hac parte juxta negociorum naturam requiruntur solempniis, demum in causis seu negociis

propriis in facto concluso negocia hujusmodi sufficienter instructa
    cum processibus habitis in eisdem plenarie nobis referas
[Fo. 185ᵛ·] et transmittas | et partibus ac ceteris quorum interest
    certum diem, quem ad id oportunum esse prospexeris,
ad nostram pronunciacionem seu diffinicionem super hiis audien-
dam statuas et prefigas nosque exinde certifices oportune. Ad
taliter siquidem procedendum tibi cum cohercionis canonice
potestate committimus vices nostras. Datum apud Hakynton'
xii kal. Marcii consecracionis nostre anno secundo.

[*April 11th, 1296. Settlement by the Archbishop of the contention between the
vicar and parishioners of Reculver about the custody of the offerings in a
certain money-box.*]

ORDINACIO INTER VICARIUM DE REYCOLURE ET PARO-
CHIANOS EJUSDEM SUPER OBLACIONIBUS IN TRUNCO IN
ECCLESIA REPONENDIS ET DE DELEGACIONE CLAVIUM
EJUSDEM ET CETERIS QUE PATENT.—In nomine domini
amen. Cum nos Robertus dei gracia Cantuariensis archiepiscopus tocius Anglie primas ecclesiam de Reculure
cum suis capellis nostre diocesis visitantes inter cetera
inveniremus quasdam contenciones inter ecclesie supradicte
vicarium et parochianos ejusdem fuisse subortas, videlicet super
oblacionibus seu elemosinis in quodam trunco juxta magnam
crucem lapideam inter ecclesiam et cancellum repositis, et de modo
hujusmodi oblaciones seu elemosinas colligendi conservandi ac
eciam erogandi, ipsis parochianis asserentibus obvenciones easdem
per eos et non per alios recipi colligi conservari et tam ad ecclesie
et cancelli fabricam ac reparacionem defectuum ipsorum ecclesie
et cancelli et librorum ornamentorum et vestimentorum ejusdem,
quarum fabrice et reparacionum onus de consuetudine iidem
parochiani agnoverant hactenus et agnoscunt, et non per alium
colligi nec ad usus alios erogari debere; prefato vicario conquerente
ac eciam asserente quod dicti parochiani per se ipsos sine visu
alicujus ministri ecclesie dictas obvenciones colligunt et per varias
suasiones populum inibi confluentem ac eciam ejusdem ecclesie
parochianos sollicitant et inducunt ut oblaciones, quas ad magnum
altare facere vellent et quas tam in purificacionibus mulierum quam[1]
in sponsalibus et pro defunctis sepeliendis consuetum est fieri, ad
crucem offerant antedictam, ipsum vicarium et vicariam suam
predictam suo jure per suasiones hujusmodi defraudantes, quodque
obvenciones hujusmodi pro sua voluntate in usus alios et non ad

----

[1] MS. quas.

premissa distribuunt et convertunt. Nos demum volentes tam
ecclesie quam personis, servata in omnibus ut convenit debita
honestate, prospicere de premissis precipimus ac eciam ordinamus
ut dictus truncus sub quatuor clavibus conserratur, quarum unam[1]
ecclesie supradicte vicarius et duo parochiani loci ejusdem ad id
per communitatem parochianorum electi duas alias et quartam
unus parochianus ecclesie seu capelle de Herne electus similiter
a communitate parochianorum ejusdem habeant, et in festo Nativi-
tatis beate virginis unus ipsius ecclesie clericus indutus super-
pellicio una cum duobus vel tribus parochianis dicte ecclesie sibi
assistentibus, si voluerint, obvenciones colligant antedictas et eas
statim in prefato trunco reponant, nulla suasione aut sollicitacione
ipso die vel diebus aliis quibuscumque quomodolibet facta aut
eciam procurata per que oblaciones ad magnum altare ex volun-
taria devocione vel de consuetudine, ut superius tangitur, faciende
aliqualiter subtrahantur minuantur aut in dicto trunco ponantur.
Nec aliquis vel aliqua de parochianis dicte ecclesie ab oblacionibus
consuetis ea racione se subtrahant aut oblaciones ipsas in dicto
trunco reponant sub pena excommunicacionis majoris quam ipso
facto contra premissa vel eorum aliquod venientes incurrant
tanquam juris ecclesie notorii offensores. Cum vero dictum trun-
cum aperiri contigerit pecunia in eodem existens per visum vicarii
et aliquorum parochianorum exinde recepta, cujus quantitas in
aliquo memoriabili scribatur, ad dictas fabricam et refectionem
defectuum et non aliis usibus per duos parochianos electos per
totam parochiam et de fidelitate juratos per visum vicarii applicetur, et postmodum tempore competenti saltim semel in anno in
ipsius vicarii et aliquorum parochianorum presencia ad id per
parochianos deputatorum fidelis compotus exinde reddatur, ut sic
factum parochianorum quo ad id per vicarium testificari valeat et
videri. Dictus vero vicarius et ceteri ministri ecclesie de pecunia
eadem in aliqua curialitate respiciantur prout parochianis videbitur
oportunum. Inhibemus eciam sub pena excommunicacionis predicta ne quis contra nostram ordinacionem premissam in quocumque sui articulo quicquam facere seu clam vel palam procurare
presumat, nec obvenciones premissas aliquo modo colligere
[Fo. 186.] seu in alios usus | quam supra tanguntur convertere
quoquo modo. De legatis quoque relictis et ceteris bonis
quacumque devocione collatis ad luminare, videlicet ad sustinendum
septem cereos in cancello ecclesie sepedicte, de quibus similiter
inter eosdem vicarium et parochianos erat contencio, taliter ordina-

---

[1] MS. unus.

mus ut duo parochiani ejusdem ecclesie per communitatem ceterorum comparochianorum electi et ad subscripta jurati prefatas obvenciones ad luminare hujusmodi colligentes per visum vicarii prenotati recipiant, et ipsum luminare exinde sustineant, ac eciam compotum de sic receptis et erogatis semel in anno similiter reddant ut superius est expressum. Idem eciam vicarius vj cereos et duos processionales sumptibus suis sustineat in cancello. Parochiani vero ut superius tangitur eligendi coram commissario rectoris ecclesie supradicte aut dicto vicario ac eciam in aliquorum comparochianorum presencia de fideliter ac diligenter faciendo premissa juramentum innovent omni anno. Actum et datum apud Reculure iij idus Aprilis anno domini m. cc. nonagesimo sexto et consecracionis nostre secundo.

[*April 14th, 1296. Mandate to Peter of Leicester to do speedy justice in the case of the rector of Cublington against the executors of the late dean of St. Paul's and their steward.*]

DE FACIENDO CELEREM JUSTICIAM RECTORI DE SUBTRACTIONE JURIUM SUE ECCLESIE CONQUERENTI.—Robertus permissione divina Cantuariensis archiepiscopus tocius Anglie primas dilecto filio domino Petro de Leycestrya coadjutori execucionis testamenti magistri W. de Monteforti dudum decani ecclesie Londoniensis salutem graciam et benedictionem. Willelmus dictus Fraunceys rector ecclesie de Cobelyngtone Lincolniensis diocesis nobis graviter conquerendo monstravit quod Walterus de Cobelyngtone senescallus executorum dicti testamenti in manerio de Cobelyngtone in ipsorum executorum manibus existente ipsum rectorem per inhibiciones varias impedit quominus jura sue ecclesie consequi poterit ut deberet, sub gravi comminacione precipiens ne idem[1] rector tenentes dicti manerii pro juribus antedictis alibi ad judicium trahat quam in ipsius manerii curia laycali. De decimis eciam ejusdem manerii predicte ecclesie debitis dictus senescallus prefato rectori satisfieri non permittit, de quo aliqui de executoribus antedictis prefato senescallo audaciam super hoc et auctoritatem prebere dicuntur. De tua igitur circumspectione ac fidelitate confisi tibi injungimus et mandamus quatinus auditis rectoris ejusdem in hac parte querelis sibi justiciam fieri cum celeritate procures, dictosque executores a tanta presumpcione facias cohiberi. Quia insuper de quodam mortuario a dicto rectore petito probaciones ut dicitur recepisti, volumus et mandamus ut inspectis eisdem

---

[1] MS. iidem.

probacionibus negocium ipsum cum celeritate qua poterit termines
et decidas, et nos super hiis plene certifices cum fueris congrue requisitus. Valete. Datum apud Dodinton' xviij kal. Maii consecracionis nostre anno secundo.

———

[*Undated. Commission to William de Staundone to do speedy justice in the case
of Hugh, son of Reginald of Lichfield against the executors of his brother,
the late rector of Lee Brockhurst.*]

DE FACIENDO CELEREM JUSTICIAM IN CAUSA TESTAMEN-
TARIA ET DE TESTAMENTO EXHIBENDO ET COMPOTO RED-
DENDO.—Robertus permissione divina Cantuariensis archiepiscopus
tocius Anglie primas dilecto filio . . officiali nostro in Coventrensi
et Lichfeldensi diocesi sede vacante salutem graciam et benedictionem. Hugo filius Reginaldi de Lichfeld' nobis nuper graviter
conquerendo monstravit quod Edmundus frater domini Reginaldi
de Leye et Robertus de Hales senescallus domini Reginaldi
executores ut asserunt testamenti Johannis de Lichfeld' dudum
rectoris ecclesie de Leye juxta Salopiam fratris dicti Hugonis de
certis legatis tam matri prefati Hugonis quam eciam suis fratribus
ceterisque consanguineis suis de quibus se credit esse debere par-
ticipem in dicto testamento relictis satisfacere renuunt minus juste,
propter quod ipsius testamenti execucio dampnabiliter impeditur,
de quo idem Hugo querelam sepius coram suis ordinariis in forma
competenti deponens justiciam super hiis hucusque consequi seu
optinere nequivit. Quo circa tibi committimus et mandamus quatinus auditis ipsius Hugonis in hac parte querelis justiciam sibi
facias quatenus jus patitur sine mora. Et ut veritas super hiis
plenius detegatur, dictos executores ut coram te dictum testamentum exhibeant et sue administracionis de testamento eodem
raciocinia reddant, si id prius actum non extitit, previa racione
compellas. Et hoc tam diligenter exequi studeas ut ad nos querela
exinde non veniat iterata. Valete. Datum apud Dodinton'.

———

[Fo. 186ᵛ.]

[*Undated. Letter to the Bishop of Lincoln on behalf of the rector of Cublington
who complains that his asssesment for taxation is too high, and asking the
Bishop for a new inquisition.*]

R. permissione divina Cantuariensis archiepiscopus tocius
Anglie primas venerabili fratri domino . . dei gracia Lincolniensi
episcopo salutem et fraternam in domino caritatem. Quia ecclesia
de Cobelyngton' vestre diocesis per quosdam emulos rectoris ejus-

dem et in odium ipsius ut dicitur nuper ad nimium taxabatur de
qua taxacione idem rector male asserit se gravatum, et vestra
religio extitit prout dicitur super hoc circumventa, idem rector
nobis supplicavit humiliter ut vobis super hoc scriberemus. Cum
itaque in casu simili aliis rectoribus graciam de nova inquisicione
super hoc facienda sepius concessisse dicamini, equum esse videtur
ut graciam sibi similem faciatis de qua senciat in tanto dispendio
relevamen. Valete semper in Christo.

───────

[*Undated. Letter to the prior and convent of the cathedral monastery of Canterbury after the Archbishop's visitation concerning certain monks who do not
take their share of divine service, and other matters.*]

LITTERA DE VISITACIONE DIRECTA PRIORI ET CAPITULO
ECCLESIE CHRISTI CANT'.—Robertus permissione divina Cantuariensis archiepiscopus tocius Anglie primas dilectis filiis priori
et capitulo ecclesie nostre Cantuariensis salutem graciam et benedictionem. Visitacionis nostre nuper in eadem ecclesia celebrate
progressum taliter per execuciones ydoneas continuare proponimus
ut a personis ejusdem quatenus reformacionem ydoneam in eis
deesse conspicimus primitus inchoemus. Provide siquidem dudum
sanxit vestre religionis auctoritas ut monachi religionem eandem
per habitus assumpcionem ingressi divinum in ecclesia faciendum[1]
servicium ante omnia sollicite repetant, et id coram aliquo pro-
vectiore de fratribus ad id specialiter deputato cordetenus reddant,
ut sic in usu ipsius servicii satis prompti psallendo ac legendo cum
fratribus et eos in labore ipsius servicii relevando juvamine competenti subportent, ac eciam per frequentem usum hujusmodi dulce-
dinem sancte devocionis sapidius gustent et in eo fervencius
delectentur, ipsis eciam suo servicio sufficienter ac plene reddito
et hoc coram capitulo prout inferius tangitur testificato de eodem
servicio per capitulum absolutis, iidem fratres ut bene meriti cum
suis confratribus commune solacium recreacionis optineant ut sint
in eadem recreacione participes qui simul fuerant in labore con-
sortes; sed jam in nostra visitacione predicta, prout dolendo
referimus, est compertum quosdam de monachis seu fratribus
antedictis per annos plurimos in religionis habitu inibi commor-
antes suum hucusque servicium sufficienter ut fieri debuit minime
reddidisse, quorum aliqui semel tantum et hoc satis diminute ut
creditur; quidam autem nec semel idem servicium reddiderunt et
tamen eo pretermisso totaliter aliqui de eisdem sue forsan religionis ignari pernicioso facinore in officiis ponebantur, et eorum

───────

[1] MS. facienda.

singuli talem adhuc pacientes defectum, et in choro cum fratribus non psallentes suos confratres tanquam oportuno carentes in hac parte presidio quasi importabili pondere sustinendi in ecclesia prenotata servicium deserunt oneratos et in primis (?) in suis primordiis se secularibus inplicantes officiis vitam monasticam quam profitebantur amittunt, et communis ut supra recreacionis solacium licet immeriti sibi cum ceteris quibus ea debentur vendicant et usurpant, quod religionis honestati non convenit nec eciam consonat equitati, immo forte provectiores exinde in laboris assumpcione tepescent qui pondus diei et estus primitus sustinentes ceteros ut prenotatur indignos sibi in retribucione stipendii senciunt coequatos. Ad tanta igitur vitanda dispendia quibus tenemur et cogimur adhibere medelam, tibi prior supradicte precipimus in virtute obediencie firmiter injungentes quatinus juniores monasterii vestri confratres et monachos, videlicet Thomam de Middelton', Johannem de Couele, Thomam Bryan et Johannem de Rynggemere, Johannem de Westone, Radulphum de Apeldre, Rogerum Buch, et Petrum de Clympingg' qui adhuc suum servicium ut in dicta visitacione recepimus minime reddiderunt, nec confratres quo ad tantum in choro relevare dicuntur, statim omni alia occupacione quo ad id impeditiva ces-
[Fo. 187] sante ad suum repetendum servicium | redeant et hoc quamcicius poterunt plene reddant auditoribus super hoc per te ut moris est congrue deputatis. Hoc idem de Thoma de Wynchelese, Stephano de Sandwyco, Hugone de Sancta Margareta, Nicholao de Gore et Laurencio de Cheyham qui licet ut supra recepimus suum servicium semel forte reddiderint et libenter in choro ut audivimus pro sua simplicitate laborent, ut sit[1] nichilominus omnium fratrum juxta consuetudinem ecclesie supradicte quo ad premissa conformitas, volumus et districte precipimus observari. Item Alanus Oysel qui de nocte cum conventu non cantat ut dicitur et per hoc de suo servicio pleno non reddito suspectus habetur, suum adhuc reddat servicium coram magistro per te super hoc deputato. Volumus eciam et sub obediencia precipimus ac eciam ordinamus ut nullus fratrum per testificacionem dumtaxat sui magistri vel alterius forte de servicio reddito in capitulo faciendam priusquam a duobus vel tribus fratribus senioribus non suspectis sufficienter de suo servicio examinatus extiterit super hoc absolvatur, nec alicui preficiatur officio aut recreacionum communium particeps habeatur quousque ut superius tangitur de reddendo servicio fuerit absolutus, ut sic

---

[1] MS. sic.

et divinum ydonee continuetur officium et laboris precipui re-
muneracio consona fervencius ceteros annuet ad laborem.   Hec
omnia quo ad monachos in dicta ecclesia recipiendos in posterum
observentur, vobisque capitulo supradicto vestrumque cuilibet in
virtute obediencie firmiter inhibemus ne contra premissa vel eorum
aliquod quicquam facere presumatis aut aliqualiter procuretis seu
eciam fieri faciat aut procuret.   Audito insuper ex plurium relacione frequenti quod fratrum vestrorum numerus defectivus exigit
id suppleri, precipimus ut numerum ipsum de personis ydoneis
quamcicius oportune poteritis augmentetis.   Ad quod cum omni
diligencia qua poteritis efficaciter intendatis.   Et de nominibus
omnium circa premissa rebellium si qui fuerint, tu prior predicte
nos citra octabas sancte Trinitatis plene per omnia et distincte
certifices per tuas litteras harum seriem continentes, quod sub
obediencia qua nobis teneris et sub pena gravissima tibi injungimus et mandamus.   Vale.   Datum et cetera.   Quia insuper prout
recenter audivimus quidam de fratribus dicti conventus quibus in-
junximus ne infra certum tempus per nos statutum eisdem monasterium supradictum exirent, publice asserunt et affirmant quod
penitenciam ipsam eis ex toto remisimus, petentes de die in diem
liberum exitum ut solebant, quod ut deo teste referimus non est
verum, mendacibus ipsis in penam sui mendacii ex nunc tempus
hujusmodi duplicamus, precipientes ut tempore taliter duplicato
intra clausum ut supra se teneant, monasterium supradictum nullatenus exeuntes, quod in capitulo vestro statim publicari precipimus,
et tu prior aut alius presidens loco tui id facias seu faciat firmiter
observari.   Et hoc eciam prefato capitulo quatenus ad eos pertinet
in virtute obediencie eodem modo precipimus et mandamus.

---

*[Undated.   Mandate to the prior and convent of Tutbury that pending the ordin-
ation of a vicarage for Tutbury the vicar shall have his present corrody from
them.]*

PRIORI ET CONVENTUI TUTEBYR' DE ORDINACIONE
VICARIE DE TOTEBYR'.—Robertus permissione et cetera dilectis
filiis priori et conventui Toteber' salutem et cetera.   Quia de
vicaria loci ejusdem pro vestra quiete sic ordinare proponimus, ut
loco corrodii quod a vobis idem vicarius percipit aliunde in loco
ydoneo et cum minori vestro dispendio quo fieri poterit prospici-
atur eidem, de quo per inquisicionem ydoneam providendo nosque
super hoc certificando officiali nostro ibidem litteras nostras jam
de novo direximus speciales, volumus ut est justum vobisque mandamus quatinus eidem vicario corrodium supradictum quousque

nostra hujusmodi ordinacio compleatur minime subtrahatis. Interim enim omnia integra utrobique remaneant sicut prius. Valete.

———

[Fo. 187ᵛ·]

[*April 20th, 1296. Mandate to William de Staundone not to admit presentations to churches before the resignations of those churches have been received by the ecclesiastical superior.*]

OFFICIALI COVENTR' ET LICH' SEDE VACANTE QUOD NON ADMITTAT PRESENTACIONES AD ECCLESIAS RESIGNATAS QUO-USQUE RESIGNACIONES A SUPERIORIBUS ADMITTANTUR.—R. permissione et cetera officiali nostro in Coventrensi et Lychfeldensi dyocesi sede vacante salutem et cetera. Multum nobis displicet quod plures ad ecclesias ejusdem diocesis tanquam per rectorum resignacionem vacantes, antequam ipse resignaciones per superiorem admisse fuerint, presentati, cum tamen non ipsa resignacio sed ejus admissio vacacionem inducat, sepius sunt decepti, de quo provideas ut presentaciones in casu consimili non admittas, sed demum cum de approbacione resignacionis quando de resignacione suggeritur tibi constiterit, litteras inquisicionis concedas. Resignacionem vero ecclesie de Estleye prefate diocesis tanquam nobis directam xii kal. Maii admisimus, tibi mandantes quod cum super hoc presentacionem novam receperis, celeriter fieri facias quod incumbit et ipsum negocium sic instructum ut moris est ad nos mittas. De testamento quoque Willelmi de Cavereswell' militis dicte diocesis dudum defuncti de quo prius episcopo scripsimus, novam tibi commissionem transmittimus ipsumque negocium celeriter exequaris. Valete. Datum apud Tenham xii kal. Maii consecracionis nostre anno secundo.

———

[*Undated. Letter to William de Staundone about the imposition of a penance on certain persons who took a fugitive out of the cemetery of Napton.*]

PENITENCIE IMPOSICIO HIIS QUI CONFUGAM A CIMITERIO EXTRAXERUNT.—Robertus et cetera dilecto filio officiali nostro in Coventrensi et Lychfeldensi diocesi sede vacante salutem et cetera. Accedentibus ad nos Philippo de Charlton' Coventrensis et Lychfeldensis diocesis, Roberto de la Grene de Napton', Roberto filio Johannis de Cumpton' et aliis quos pro extractione cujusdam confuge a cymiterio de Napton' dicte diocesis ad nostram misisti presenciam, ut exinde penitenciam eis injungendam a nobis reciperent, ipsisque juratis et examinatis intellecto per eos quod amplam super hoc prius penitenciam receperunt, videlicet ut per annum unum omni die excepto die dominico jejunarent in pane et aqua, et quod per singulos dies dominicos coram processione publice fustigarentur, penitenciam ipsam ut dicunt usque ad festum sancti Andree continue sustinebant et extunc quia sic durare non poterant ab ipsa penitencia destiterunt, et pensantes itaque penitenciam ipsam licet dura existeret aliis quo ad exemplum in posterum non prodesse, penitenciam eis indiximus tam publicam quam solempnem, videlicet ut solempnem in capite jejunii consuetam per septem annos sustineant, exposita causa singulis annis in publico ipso die, publicas eciam fustigaciones septem per mercata et septem circa ecclesiam de Napton' ac eciam alias septem circa majorem ecclesiam patrie in qua degunt diebus solempnibus in sola camisia coram processione sustineant, videlicet in festis Pentecostes Assumpcionis, Omnium Sanctorum, Natalis Domini, Purificacionis, Palmarum et Pasche, et aliquod signum horribile in singulis fustigacionibus prout expediens videris habeant circa caput, hec eadem vel amplius juxta qualitatem delicti aliis de eodem facinorosis injungas exposita semper causa penitencie sic injuncte. Datum.

[*Undated. Letter to the chancellor and masters of the University of Oxford advising them about their petition to the Pope.*]

RESPONSIO AD PETICIONEM UNIVERSITATIS OXON'.— Robertus et cetera dilectis cancellario et venerabili cetui magistrorum universitatis Oxon' salutem et cetera. Quam paterna nos incessanter inducit affectio ut in omnibus vestrum commodum et honorem tangentibus congruum inparciamur pro nostra possibilitate presidium deus novit. De vestra quoque peticione summo insinuanda pontifici, prout magister Willelmus de Dalton' nomine vestro nobis exposuit, nostrum resedit sicut ei retulimus cum deliberacione consilium quod ipsa peticio tam per nos quam eciam coepiscopos nostros conjunctim et in una forma consona sigillis nostris signanda mittatur; ad quod expedire conspicimus ut ad ipsos episcopos quod suum ad id consensum adhibeant cum celeritate mittatis, et cum nobis de ipsorum super hoc assensu constiterit, forma peticionis predicte in qua oportebit quasi jus ex causis legitimis speciale constitui concipietur idonea, deo dante; aliud non videmus hac vice preambulum, nec vobis eciam super hiis que nobis scribitis rescribendum. Valete semper in Christo. Datum apud Tenham et cetera.

[Undated. Commission to William de Staundone if he has sequestered the fruits of a certain church to relax the sequestration, because the Archbishop has granted a dispensation from residence.]

DISPENSAT AD TEMPUS NE FACIAT RESIDENCIAM.—Officiali nostro in Coventrensi et Lichfeldensi diocesi salutem. Quia a magistro Bald et cetera obediencie juramentum recepimus et cum eo usque ad festum Sancti Michaelis venturum ne ad residenciam in eadem ecclesia faciendam interim compellatur dispensamus graciose, tibi committimus et mandamus quatinus sequestrum ex causis predictis vel earum aliqua in ecclesie memorate [Fo. 188.] proventibus interpositum si quod | erat relaxes, et eum super hiis in pace dimittas in forma superius annotata, ita tamen quod ecclesia ipsa debitis non fraudetur obsequiis et animarum cura in eadem nullatenus negligatur. Datum apud et cetera.

[May 1st, 1296. Commission to William de Staundone to receive the resignation of the dean of St. Chad's, Shrewsbury, and to admit the king's nominee to the deanery.]

OFFICIALI COVENTR' ET LYCH' SEDE VACANTE UT ADMITTET RESIGNACIONEM UNIUS DECANATUS ET RECIPIAT ALIUM AD EUNDEM DECANATUM.—Robertus permissione divina Cantuariensis archiepiscopus tocius Anglie primas dilecto filio magistro Willelmo de Staundon' officiali nostro in Coventrensi et Lychfeldensi diocesi sede vacante salutem graciam et benedictionem. Ad admittendum et approbandum nomine nostro resignacionem Willelmi de Seukeworth' nuper decani ecclesie sancti Cedde Salop' de decanatu eodem nobis aut tibi in forma debita dirigendam, et ad recipiendum et ad decanatum eundem personam ydoneam cui dominus rex, ad quem dicta sede vacante decanatus ejusdem ut dicitur spectat collacio, ipsum decanatum postmodum duxerit conferendum et recipiendum canonicam obedienciam ab eo cui sic decanatus hujusmodi collatus extiterit, ipsumque in possessionem dicti decanatus cum capella de Burton', que ab eodem decanatu dependet, et aliis suis pertinenciis inducendum ceteraque omnia ad id spectancia quatenus ad nos attinet faciendum, tibi cum cohercionis canonice potestate committimus vices nostras ad presens de nostra gracia speciali. Datum in prioratu monialium de Scapeya kal. Maii anno domine m^{mo} cc^{mo} nonagesimo sexto et consecracionis nostre secundo.
